VIDAS PASSADAS, SONHOS PRESENTES

Denise Linn

VIDAS PASSADAS, SONHOS PRESENTES

COMO USAR A REENCARNAÇÃO
PARA O SEU DESENVOLVIMENTO PESSOAL

Tradução
OCTAVIO MENDES CAJADO

EDITORA PENSAMENTO
São Paulo

Título do original:
Past Lives, Present Dreams
How To Use Reincarnation For Personal Growth

Esta edição foi publicada pela primeira vez em 1994
pela Judy Piatkus (Publishers) Ltd.
5 Windmill Street, London W1P 1HF.

Edição	Ano
1-2-3-4-5-6-7-8-9	98-99

Impresso em nossas oficinas gráficas.

Este livro é dedicado ao meu marido David
e à minha filha Meadow...
companheiros da viagem através
do tempo e do espaço

Sumário

Agradecimentos

Obrigada a você, Leon Nacson, verdadeiro visionário.

Obrigada a você, Claire Brown, por acreditar em mim e nos meus sonhos.

Barb Kelly, até parece que nos conhecemos desde o início dos tempos. Você é uma amiga tão boa!

Johnny Rozsa, você fez uma diferença tão grande em tantas vidas!

Mil agradecimentos a Judy Piatkus, Gill Cormode e Anne Lawrance, da Piatkus Books, por conduzirem este livro à sua conclusão.

Ao meu tio *cherokee*, Wade Scudder — embora você esteja agora com o Grande Espírito, ouço os seus sussurros na brisa do verão e sinto a sua bondade no sol que nasce. Anseio pelo dia em que voltaremos a nos encontrar "do outro lado do rio". Wado!

Introdução: O tempo é agora!

Esta é uma época emocionante para se viver. Nunca houve tempo mais propício para darmos um passo além das nossas limitações pessoais. Nunca houve um tempo mais favorável para deixar a monótona rotina kármica e realizar todo o nosso potencial. Somente agora, depois de éons de ciclos evolutivos, cada um de nós pode voltar ao ponto de chegada do plano pormenorizado da nossa alma. O tempo é agora! À medida que nos aproximamos do fim do milênio, podemos finalmente resolver velhas questões que tiveram origem em vidas passadas e podemos usar nossos sonhos para entrar em nosso verdadeiro domínio.

As sementes deste livro sobre sonhos e vidas passadas foram plantadas há muitos anos pelo meu professor, Pena Dançarina, dos índios *pueblos*. Embora fosse um homem humilde, ele carregava a grande sabedoria e o grande po der do seu povo dentro de si: "Ele caminhava em beleza." Esse homem devotado ajudou-me a estabelecer uma ligação ainda mais profunda com a minha herança *cherokee*, à medida que partilhava profecias para os nossos tempos e falava do poder dos nossos sonhos e da importância de nos livrarmos das sombras do passado.

Lembro-me do dia em que estive com ele, uma quente tarde de verão, em que ele se sentara de pernas cruzadas na relva agreste cor de ouro da alta rechã banhada de sol. O velho e sereno curandeiro vestia uma camisa desbotada de vaqueiro e calças *jeans* surradas pelo uso. Uma brisa suave empurrava as folhas secas, espalhando-as em volta de nós. Eu me esforçava para ouvir-lhe a voz, suave e baixa, enquanto ele falava da nossa terra, da Mãe Terra e do Pai Céu. O rosto acobreado parecia reluzir refletindo o carmesim do sol que se punha. Os cabelos, outrora pretos retintos, eram agora de um grisalho suave. Linhas profundas, provocadas pela idade, tinham sido esculpidas de um lado a outro do rosto; entretanto, quando falava, ele aparentava uma humildade animada e infantil, que se diria transcender o tempo. Às vezes, quando estava falando, detinha-se, com o olhar perdido na distância. Os olhos, enevoados pela idade, davam a impressão de perscrutar um mundo particular. Em seguida, ele voltava a falar.

Ele me disse que a Mãe Terra, chegando ao fim de um longo ciclo, estava prestes a renovar-se. Acrescentou que estávamos na época da conclusão e do renascimento, e que mudanças imensas se achavam prestes a ocorrer na trama da nossa vida. A renovação seria difícil para muita gente porque, neste exato momento, as pessoas estavam perdidas. Elas tinham perdido suas raízes. Tinham perdido a capacidade de estabelecer um "relacionamento correto" com todas as coisas. Disse ele que as pessoas não sabiam o que eram. Haviam esquecido como se encontrar em cada uma e em todas as partes da natureza. Nós éramos as montanhas, o grande céu, as várzeas e o mar... éramos todas as coisas, grandes e pequenas, mas tínhamos nos esquecido disso.

Ele falou sobre *a importância dos sonhos* para a jornada noturna como pontos de entrada de reinos interiores.

Nos anos que vêm pela frente, disse ele, nossos sonhos serão uma fonte valiosa de inspiração e cura, e desempenharão um papel cada vez mais importante na evolução da humanidade. Explicou também que será essencial nos anos vindouros que nos livremos das sombras da dor, do sofrimento e das velhas feridas abertas no passado. A dor do passado nos impede de gozar plenamente a beleza que nos cerca. É crucial que aprendamos a prestar atenção na nossa sabedoria interior, nos "antepassados do espírito" e nos guias que se encontram à nossa volta. É essencial que as pessoas "alcancem as estrelas" e lembrem-se de quem foram. Ele se referiu com emoção às grandes possibilidades para todos nós nos tempos que hão de vir.

À proporção que os anos passavam, depois que Pena Dançarina morreu, constatei a sabedoria das suas palavras. O nosso planeta, com efeito, está mudando muito depressa, exatamente como ele profetizou. Enquanto deparamos com o fim do milênio, mudanças imensas se verificam na tecnologia e em nossos recursos naturais. A Terra está mudando com tanta rapidez que está influenciando profundamente o modo como nos relacionamos uns com os outros e com o meio ambiente. "Esquecemos" a sabedoria primordial de que todas as criaturas e todas as coisas do planeta estão ligadas umas às outras. "Esquecemos" que estamos todos interligados em um universo vivo e pulsante — um universo não menos vivo do que as baleias majestosas no mar ou as flores silvestres que desabrocham para o sol da manhã, nas encostas dos morros. "Esquecemos" que estamos vivendo num universo que canta com vida, que pulsa com intensidade de espírito.

O universo está tão vivo quanto o corpo humano. Quando sofremos dano em uma parte de nós mesmos, todo o corpo reage mandando energia de cura para o local afetado.

Não nos damos conta da miríade de processos bioquímicos que ocorrem no sistema imunológico do nosso corpo. No entanto, quando somos vítimas de um mal, nosso corpo reage instantaneamente; é uma reação natural. Assim é a natureza da vida... assim é a natureza do universo.

O corpo humano é um microcosmo do macrocosmo do universo. A Terra pode ser comparada a uma célula do corpo do universo vivo, que, neste exato momento, está sendo lesada. O universo manda energia de cura para o nosso planeta adoentado, do mesmo modo que o nosso sistema imunológico é ativado quando se registra uma lesão numa parte do nosso corpo. À medida que onda após onda de energia de cura se infiltra no nosso planeta, começa a se operar uma purificação maciça. Há uma estimulação cósmica de velhas estruturas, instituições e crenças limitantes. Imagine o leitor uma lagoa profunda de água estagnada. Na superfície, as águas da lagoa parecem claras. Mas nas profundezas a lagoa está cheia de lodo e de uma vegetação insalubre. De repente, uma infusão de água clara e fresca, que sobe rápida e impetuosamente provinda de novas nascentes, invade por baixo a lagoa de água estagnada. Toda a água fétida é agitada como num turbilhão. Os efeitos a curto prazo se afiguram caóticos, e tudo está tumultuado. A lagoa parece ainda mais suja — lodosa, deteriorada e fétida. Apesar de tudo, sua purificação é essencial para a sua saúde e logo ela se torna cristalina e fresca. Nosso planeta agora pode ser comparado à lagoa de água estagnada. As novas freqüências que estão sendo projetadas na Terra podem ser comparadas às nascentes de água fresca que causam sublevações, mas que também promovem uma limpeza e uma clareza incríveis.

Enquanto enfrentamos os tempos emocionantes e desafiadores que nos aguardam, temos uma enorme possibilidade de nos livrar dos pesados fardos que carregamos encarnação após encarnação. A reviravolta cósmica de velhas estruturas e hierarquias significa que os esforços para superar antigos bloqueios estão vindo agora à superfície. À medida que novas energias inundam a Terra, muitas pessoas vêem ressurgir em sua vida velhas questões — que resultam em sentimentos passageiros de desorientação e sublevação. Muitas estão precisando encarar e resolver as dores e ódios produzidos por antigos problemas que foram anteriormente reprimidos ou negados.

A negação da dor e do sofrimento nesta vida, *assim como em vidas pregressas*, está vindo à luz agora. Inúmeras pessoas lutam para transpor as barreiras que as impedem de alcançar a totalidade. Todo o sofrimento, todo o medo e toda a dor da separação, acumulados ao longo das várias vidas, esperam agora ansiosamente pela absolvição. Esse acúmulo de milhares de anos de encarnações que jazem dentro de nós, como se fossem lembranças reprimidas, clama agora por liberação. Só agora temos a oportunidade de deixar que se soltem as velhas limitações do passado.

Bem no fundo de cada um de nós existe um imenso universo interior interligado. Esse universo interior é um território em que o passado, o presente e o futuro se agitam, velozes, numa grande orquestração de luz e som. Agora mesmo, quando nos acercamos do fim do milênio, o véu existente entre nossos universos interiores e o universo exterior que nos envolve está se tornando mais tênue. Temos agora a oportunidade de transpor os umbrais da nossa idade áurea, chegar aos reinos misteriosos do eu, e dar tento de verdades íntimas que estiveram escondidas de nós por tanto tempo.

No próprio âmago do ser, a cada pessoa se oferece a oportunidade de enfrentar um desafio intuitivo do coração.

Nos anos que virão, o desafio consistirá em estar disposto a enfrentar nossa sombra, em estar disposto a passar através do véu da noite com coragem e coração aberto, para arrostar o que fomos em vidas passadas de modo que possamos ter uma vida mais rica no presente.

É chegado o momento de estarmos dispostos e prontos e afoitar-nos à jornada pelos aspectos mais escuros de nós mesmos... a encarar a nossa sombra, que nos separa do Espírito. Muitas sombras existem que se apresentam em nossa vida — o medo, a dor, a depressão, a tristeza, as crenças negativas, a doença e a morte. Essas sombras geralmente têm sua origem em vidas passadas. A jornada para além das sombras do passado, através do Véu da Ilusão, não precisa tomar "tempo"; basta-lhe a disposição para arriscar. E somente os que se arriscam viverão realmente. Nossas jornadas interiores podem ter reviravoltas que provocarão mudanças decisivas na nossa vida e produzir os níveis mais profundos de transformação.

À proporção que se abrir a parte noturna entre o passado, o presente e o futuro, seus sonhos podem ser usados para revelar e dissipar as sombras do passado. Ao abrir os portais do instante mítico do princípio da criação e ao curar suas vidas passadas, você se prepara, no próprio âmago do seu ser, para enfrentar os desafios vindouros com elegância e desenvoltura. Aqueles que dão o passo para além da ilusão tornam-se donos do próprio destino e irradiam paz e alegria profundas para os outros. Você pode usar os exames de suas vidas passadas e de suas jornadas oníricas para chegar à essência universal da qual flui toda vida, todo pensamento e toda existência. Nessa identidade com tudo o que existe, você desvenda as realidades mais profundas e as mais elevadas.

O processo é a antiga e sagrada jornada da alma em busca de si mesma. Depois de haver escolhido esse caminho, você não pode voltar atrás. No entanto, é um caminho que, uma vez tomado, contribuirá para que você percorra as profundezas poderosas do amor — o amor ao eu, o amor aos outros e ao planeta. É um caminho que o faz ligar-se a uma energia que concorrerá para que você seja importante para o mundo.

❖

A respeito deste livro

À medida que aumentam as mudanças planetárias, nossas vidas passadas, nossos sonhos e nossa orientação interior podem ser uma fonte cada vez maior de transformação e inspiração. Mas de que maneira poderemos tirar o melhor proveito das energias disponíveis neste momento para o nosso desenvolvimento e expansão pessoal? Como podemos "lembrar-nos" de quem fomos numa vida passada? Como podemos nos livrar de programações negativas de vidas passadas? O que é um guia, e como podemos estabelecer contato com a nossa sabedoria interior através dos nossos guias? Como podemos recordar os nossos sonhos e como podemos descobrir o que eles estão tentando nos dizer? Por que esta é uma época tão importante da história? *Vidas Passadas, Sonhos Presentes* apresentará respostas e soluções simples e viáveis.

Você pode lembrar-se de quem foi numa vida passada. Qualquer um pode. Este livro apresenta técnicas simples para ajudá-lo a rememorar acontecimentos de suas vidas passadas que você esqueceu. Ao mesmo tempo, explica o que é reencarnação, karma e a razão por que eles são tão importantes neste momento da história. Você pode obter informações pouco conhecidas sobre como se valer das "dicas de uma vida passada" para descobrir o que você foi numa encarnação anterior. Você descobrirá como usar a terapia de vidas passadas para resolver problemas persistentes que não foram solucionados com outros tipos de terapia. E compreenderá como os medos e fobias atuais, as dificuldades de relacionamento, a falta de prosperidade e de criatividade e as doenças físicas que por ora o afligem, podem ser eliminados através do exame de uma vida passada. Em *Vidas Passadas, Sonhos Presentes* você obtém informações sobre técnicas específicas para resolver e se livrar das dificuldades deste momento que tiveram origem no passado.

Em virtude das mudanças que ora se processam nos campos de energia da Terra, os nossos guias espirituais estão muito mais próximos da nossa realidade. Eles querem "falar" conosco por meio dos sonhos e da nossa intuição. Agora está-se tornando muito mais fácil entrar em contato com a sabedoria deles para que possam prestar-nos uma assistência pessoal nos importantes anos que se avizinham. Neste livro você terá um resumo dos diferentes tipos de guias espirituais e aprenderá exercícios com os quais poderá entrar em contato com os seus guias para saber realmente o que eles estão tentando dizer-lhe. E você também aprenderá a reconhecer os momentos em que seus guias estão perto de você e como entrar em sintonia com a freqüência vibratória desses espíritos.

À medida que o ritmo vibratório da Terra continua a acelerar, será vital atentar para as mensagens encerradas em nossos sonhos. Pois cada sonho oculta mensagens secretas, procedentes da nossa alma, que podem nos ajudar a manter nosso equilíbrio nos próximos anos. Os sonhos favorecem a cura interior e exterior que se está realizando agora. Neste livro você aprenderá a programar, a recordar e a interpretar os sonhos. Além disso, você aprenderá a usar os sonhos para investigar vidas anteriores.

Em todo o correr deste livro são apresentados casos de regressões a vidas passadas. Alguns são de pessoas com as quais trabalhei, outros relatados em cartas que recebi depois dos meus seminários sobre vidas passadas, e outros ainda, são experiências que participantes desses seminários partilharam comigo. Em alguns casos citei as palavras exatas das cartas. Em outros, parafraseei ou abreviei o relato para que a leitura ficasse mais fácil. Mas sempre procurei ser o mais fiel possível à experiência dessas pessoas.

À medida que nos aproximamos de um novo milênio, mudanças imensas e emocionantes ocorrerão em muitos níveis dentro do nosso universo multidimensional. Houve, e continuará havendo, importantes mudanças nos ritmos de vibração da Terra, prenunciadas por culturas nativas em todo o mundo e, quando elas se verificarem, será muito importante que você possa encontrar um oásis de paz interior dentro de você mesmo.

Você pode fazer isso livrando-se dos bloqueios e limitações do passado e prestando atenção nos sonhos e na sua orientação interior. O objetivo deste livro é apresentar informações e técnicas destinadas a prepará-lo para o futuro. Somos todos herdeiros espirituais do planeta e você só conseguirá resolver o passado e deixá-lo para trás se conseguir caminhar rumo ao futuro com amor... E então haverá ordem e alegria no cosmo.

1

Minha jornada por vidas passadas e pelos sonhos

Minha jornada começou de maneira muito dramática quando eu tinha dezessete anos, no verão de 1967. Peguei minha mobilete para dar um passeio por uma estrada no campo, em nossa pequena comunidade agrícola no Meio-Oeste americano. Era um dia maravilhoso, quente, enevoado, tranqüilo. Eu me sentia totalmente despreocupada enquanto meus cabelos esvoaçavam, ao sabor do vento. Passei ao lado de grandes campos de milho apendoado e cor de ouro. Então, de repente, minha serenidade caiu por terra.

Um grande automóvel azul abalroou minha mobilete por trás. O impacto atirou-me violentamente no chão. Tentei me levantar. O choque transformou-se em horror quando ergui a cabeça para fitar o meu agressor desconhecido. Com sangue-frio e determinação, ele apontava uma arma para mim. Os buracos escuros e ameaçadores da arma pareciam enormes, fora de proporção. Minha mente disparou. Gritos silenciosos ecoavam-me no cérebro. "Por que este homem está apontando uma arma para mim? Não fiz nada a ele! Por que ele jogou o carro em cima da minha mobilete? Não fiz nada a ele!"

Segundos antes do tiro ensurdecedor que mudou minha vida para sempre, um pensamento ricocheteou no meu cérebro. "Ele está apontando muito para baixo." Uma fração de segundo depois eu estava estendida no chão, alvejada por uma assassino casual, que já havia deixado um rastro de mortes em sua esteira. Fiquei largada à beira da estrada, até que um lavrador que passava me encontrou e chamou uma ambulância.

Tudo parecia amplificado. Luzes de hospital de um brilho áspero. Uma dor aguda de cauterização. Vozes estridentes. Pouco a pouco, as luzes começaram a se atenuar. A dor diminuiu. Senti-me deslizando para uma escuridão macia e agradável. Eu estava descansando molemente num casulo negro, semelhante a uma bolha. Como me contaram mais tarde, foi nesse momento que os médicos concluíram que eu tinha morrido.

De repente, a bolha de veludo negro pareceu explodir. Eu me banhava numa gloriosa luz dourada. Na verdade, eu não me banhava apenas na luz — eu era a luz! Eu era totalmente permeável e luminescente. Nisso, dei-me conta da música, que soava com doçura e pureza incríveis — num fluir e refluir de ondas sonoras de luz líquida. Aquela música era mais bela do que qualquer sinfonia. A nobre harmonia invadiu-me o espírito luminoso até que me converti realmente na música. Parecia que, naquele momento, eu era feita de luz e som, magníficos e fluidos. E a luz e o som não estavam separados um do outro, senão fundidos numa coisa só. E eu me fundira com a luz e o som.

Eu não tinha noção do tempo. Não havia passado, não havia futuro. Tudo existia no presente infinito. Procurei pensar no passado, e não consegui. Isso era inconcebível, pois ele simplesmente não existia. Era tão difícil imaginar ali o tempo linear quanto é para mim aqui conceber o tempo não-linear. Tudo apenas "era".

Eu também estava completamente dominada por uma sensação muito profunda e muito real de familiaridade. Sabia que eu já estivera ali antes disso. Era a coisa mais real pela qual eu já passara. Aquilo fazia minha vida de adolescente parecer uma ilusão — um mero sonho. Era como despertar pela manhã depois de ter tido um sonho que parecera muito real e, em seguida, à medida que a manhã vai passando, senti-lo se desvanecer, transformando-se em fragmentos sem sentido. Como grãos faiscantes de areia que me escoassem pelos dedos, minha vida desapareceu. A única realidade verdadeira era o reino glorioso em que me adentrara. Minha vida anterior não parecia ser mais que o murmurar do vento que passava.

Partilhando dessa fartura de luz, de som e de "atualidade" infinita havia um perfeito "amor". Como seria possível comunicar às outras pessoas o que eu sentia? Em cada um de nós, no próprio âmago do nosso ser reside um sentimento intuitivo de amor, tão natural quanto o respirar. Um amor que transcende a forma, como um imenso e ilimitado oceano, que penetra cada célula e cada molécula do nosso ser. Eu tinha profunda percepção interior dessa espécie de amor. Não era o tipo de amor que se pode sentir e deixar de sentir. Não havia separação entre o "eu" e o "você" — nesse amor. Ele simplesmente "era".

E eu não estava só. Você também estava lá! Em realidade, não havia ninguém nem nada que não estivesse lá. Lá estávamos todos. Sem fronteiras. Sem separação. Eu era todo o mundo. Todo o mundo era eu. Eu era todo o mundo a quem dera a mão algum dia. Eu era todo o mundo que eu ferira algum dia. Eu era todo o mundo que eu conhecera algum dia. Éramos todos um. Imagine uma bola de espelhos lá em cima, no céu, que irradiasse feixes de luz em todas as direções, criando miríades de reflexos espalhados por todo o tempo e todo o espaço. Imagine cada uma das pessoas na Terra identificando-se tão plenamente com o seu próprio reflexo que se esquece de que todos nós nascemos da mesma fonte. De fato nós *somos* a Fonte. A bala de um assassino me catapultara para além do tempo e do espaço. Nesse momento me lembrei de quem eu era e de onde viera. Voltei à Fonte. Tive uma sensação maravilhosa de paz e de amor profundos, e de fazer parte de um todo maior. Já não me sentia presa ao corpo... Senti a ausência total de limites. Experimentei uma sensação de unidade com toda a vida. Eu voltara para casa.

Embora sentisse que eu me havia fundido na unicidade com todos os seres, ainda era capaz de perceber, a partir de um ponto fixo de consciência. Desse ponto central de percepção notei diante de mim um grande rio fluente, que emitia uma suave luz dourada. Enquanto olhava para a praia distante percebi que, quando alcançasse a outra margem, nunca mais voltaria para o meu corpo de dezessete anos. Eu nunca fora tão feliz. Já não teria de suportar a dor terrível da separação. Já não estaria presa na armadilha de um corpo devastado pela dor e pelo sofrimento. Quando dei o primeiro passo rio adentro, não tive a impressão de que as águas fluíssem à minha volta. A impressão foi a de uma emergência na luz e no som líquidos.

Segui o meu caminho até chegar à metade do rio. Uma luz fluida, bruxuleante, efervescente partia de cada lado de mim. Mas enquanto eu exultava com a volta ao lar, uma voz, profunda e sinistra como a de uma tempestade que se aproxima, soou: "Você não pode ficar aqui. Há uma coisa que você ainda precisa fazer." Resisti freneticamente à ordem, gritando: "Nããããããããão!!!" Mas senti como se tivesse sido laçada e algo me arrastasse de volta ao meu corpo físico.

Despertei num leito de hospital, lutando pela minha vida. Dia após dia lutei não somente com a dor física, mas também com o meu enorme pesar por ter sido obrigada a retornar ao corpo. Cada noite, no entanto, me deparava com um milagre. Depois que as luzes diminuíam e eu ficava sozinha, meus olhos se fechavam. E eu sentia, então, uma mão envolver delicadamente a minha. Uma sensação maravilhosa de bem-estar e segurança inundava-me o ser. Meus olhos estavam fechados quando isso acontecia mas, por vezes, eu os abria e olhava para a minha mão. Embora não pudesse "ver" fisicamente a mão que segurava a minha, sentia os contornos dos dedos e da palma, e um calor radiante. Às vezes, durante a noite, uma mão soltava a minha e outra mão a cingia. Lembro-me particularmente de uma mão muito pequena, infantil, que me confortou certa noite. Eu sabia que estava em segurança. Sabia que não estava sozinha. Acredito que essas mãos fossem de anjos.

O corpo para o qual eu fora tão relutantemente obrigada a voltar estava muito ferido. A bala do desconhecido me atingira a coluna, alojara-se num pulmão e rasgara-me o baço, uma glândula supra-renal e parte do estômago e dos intestinos. Finalmente, um dos meus rins foi removido e um tubo de plástico foi inserido no meu corpo para substituir a aorta a partir do coração. Mas no decorrer desses poucos minutos algo misterioso e mágico aconteceu e alterou o curso de minha vida para sempre.

Os médicos achavam que eu não sobreviveria à gravidade dos meus ferimentos. Entretanto, no instante em que se supunha que eu estava morta, passei por uma mudança de consciência que foi a responsável pela minha sobrevivência e pelo meu rápido restabelecimento. Conquanto a mudança fosse aparentemente pequena, foi enorme em suas conseqüências.

Imagine um rio atulhado de grandes árvores caídas e de seus ramos. Para limpar um simples trecho desse rio você precisaria não só de um equipamento pesado, mas também de um esforço e de um potencial humano enormes. Agora imagine que você segue o rio até a sua cabeceira. Você viaja para cima por uma trilha prateada e estreita até o pico mais alto de uma serra. No topo da montanha, uma fonte pura e clara de água cristalina flui morro abaixo. Quando você se inclina para remover uma pedra pequena, repara, ao retirá-la, que a água foi forçada a fluir numa nova direção. Você modificou o curso da corrente para sempre.

Sinto que, ao penetrar na luz dourada, parte da minha identidade, à semelhança da pequena pedra, foi removida de minha alma e mudou o curso da minha vida para sempre. Essa mudança de identidade me ajudou a sarar porque cheguei à conclusão de que sou mais do que o meu corpo. Eu sabia que era Luz e Espírito e Música e Energia e Amor. A consciência disso tornou muito mais fácil para mim curar o meu corpo. Meu corpo não era "eu". Meu corpo era alguma coisa habitada por uma parte de mim, mas eu era muito mais do que o corpo. Eu tinha para me curar muitos mais recursos além dos disponíveis no meu corpo físico.

❖

Uma vida diferente

Quando eu estava além da porta da morte, passando pelo que mais tarde descobri ser o que se chama "experiência de quase-morte", a identidade do meu eu deslocou-se. Essa mudança na percepção de mim mesma alterou a minha vida completamente. Também concorreu para a minha capacidade de curar-me e, mais recentemente, contribuiu para a minha capacidade de favorecer a cura de outras pessoas.

Antes de receber o tiro, eu supunha ser o meu corpo. Depois disso, passei a ver o mundo de maneira totalmente diferente. Eu já não pensava que, ao morrer o meu corpo, eu também morreria. Já não acreditava que minha existência começasse na concepção e terminasse na morte. Já não acreditava que eu estava separada de tudo e de todos no planeta. O tempo deixara de ser linear e sereno. Eu já não sentia que o universo era governado por leis físicas fixas e imutáveis. A transformação ocorrida quando fui considerada morta modificou para sempre minhas crenças a respeito da natureza da realidade.

Se bem o mundo ao redor de mim parecesse fisicamente o mesmo, o contexto em que eu o via era completamente diverso. A vida tornou-se muitíssimo preciosa para mim. Cada momento era cheio de cores, formas, sons e energia vibrante. Cada haste de relva tremeluzia com luz própria e entoava sua própria canção... Um relvado selvagem era como uma grande orquestra de luz e som. As árvores emitiam um zumbido profundo e sonoro. As folhas se desenrolavam ao vento quente, que dava a impressão de ser o sopro de Deus. Dir-se-ia que cada folha tilintasse com delicadeza cristalina. Até o chão debaixo dos meus pés pulsava com a branda cadência da vida. Foi-me extremamente difícil compreender por que as pessoas não podiam sentir e ver a beleza esmagadora que havia em torno delas. Eu não conseguia compreender a crueldade nem a violência. Sabia que fazíamos parte de um imenso e vibrante universo vivo, e que não podíamos ferir ninguém sem nos ferirmos também.

Em resultado da minha experiência de quase-morte, acredito agora que somos infinitos e eternos e que estamos todos intimamente ligados uns aos outros. Nossos "cordões de sapatos cósmicos" estão amarrados uns aos outros, por assim dizer. Não posso de fato voltar para casa enquanto você não tiver feito isso, e vice-versa. Acredito que o tempo é maleável e mutável. Acredito que podemos mudar o passado e o futuro. Acredito em Deus, em anjos e em guias. Acredito que nesse *continuum* formado pelo tempo e pelo espaço e que se chama Terra todos vivemos outras vidas no passado. Acredito que os nossos sonhos podem ser uma fonte poderosa de inspiração e cura. Acredito que todos temos uma capacidade inata de criar e manifestar o universo em torno de nós. Acho, na verdade, que o estamos criando subconscientemente neste exato momento por meio dos nossos pensamentos, sentimentos e das crenças que trazemos no âmago do nosso ser provenientes de outras existências, e que temos levado adiante.

Passar por uma experiência de quase-morte é o tipo de acontecimento que altera nossas crenças. Milhões de pessoas em todo o mundo já passaram por experiências semelhantes à minha, e certos elementos dessas experiências são comuns à maioria delas. As fases iniciais da experiência costumam envolver uma sensação de paz profunda, e ou de não se sentir atado ao corpo ou de estar flutuando acima dele. Muitas pessoas sentem que estão sendo sugadas para dentro de um túnel cuja saída é banhada de luz, e são acolhidas por Seres de Luz ou por pessoas que elas conheceram mas que já morreram. Em quase todos os casos sentem-se muito amadas e muito bem protegidas. Freqüentemente as pessoas que passam por esse tipo de experiência têm oportunidade de rever a própria vida do ponto de vista de um observador. Quase sempre acode-lhes a noção de que não concluíram a tarefa que lhes cumpria realizar na Terra, mas há sempre uma enorme relutância em voltar para o corpo.

Revelaram as pesquisas que os que passaram por uma experiência de quase-morte têm em comum algumas características e em quase todos os casos essas pessoas foram modificadas pelo evento. Tendem a ter menos medo da morte do que a maioria de nós. De um modo geral, têm uma sensação maior de paz interior, e um entusiasmo maior pela vida. Além disso, passam a exercer profissões em que podem cuidar dos outros. Não creio, todavia, que eu seja especial por ter passado por uma experiência de quase-morte; na realidade, acho que eu estava tão longe do meu caminho espiritual que foi necessário um pontapé cósmico dessa força para colocar-me no caminho. Acredito que o universo está sempre sussurrando alguma coisa para cada um de nós. Se não prestarmos atenção aos sussurros, ouviremos gritos. O dia em que fui alvejada foi como um berro imenso do Espírito: "Denise, lembre-se de quem você é!"

Esse grito do Espírito continua a ecoar em minha vida. Descobri que muitas das minhas conclusões a respeito da vida evolveram a partir da minha experiência de quase-morte. Voltei "sabendo" que estamos vivendo a época mais importante da evolução do planeta. Agora compreendo que o que cada um de nós faz com a consciência, individual e coletivamente, é essencial ao futuro do nosso planeta. Desenvolveu-se dentro de mim um profundo desejo de compreender a vida à luz das vidas que já tivemos, e percebi intuitivamente que as vidas passadas podem oferecer uma chave para abrir a porta que nos leva à profunda cura pessoal. "Sei" que nunca estamos sós; há sempre guias espirituais à nossa volta para nos ajudar, vertendo sobre nós seu amor e sua sabedoria. Também voltei conhecendo intuitivamente o imenso potencial que se acha à disposição de todos nós dentro dos nossos sonhos. Eu "sabia" que os sonhos podem ser uma estrada para viajar de volta ao Espírito. O restante de minha vida tem sido uma busca para "lembrar-me" de quem sou, de minhas investigações acerca de vidas passadas, e dos guias e sonhos que me têm feito prosseguir ao longo desse caminho.

❖

A minha busca

Antes de tomar aquele tiro, eu queria ser cientista, como outros membros da família. No entanto, depois da experiência de quase-morte, esse desejo se foi. Em vez disso, desejei descobrir por que estamos aqui e qual é o destino do ser humano. Finalmente, fui para um mosteiro zen-budista, onde meditei, cercada pelo silêncio, por mais de dois anos. Não tive as grandes experiências de iluminação que eu esperava, mas descobri um maravilhoso lugar de silêncio dentro de mim. Esse lugar é chamado "o silêncio entre pensamentos".

Comecei também a estudar a cura não-tradicional. Os médicos disseram-me que, devido à gravidade dos meus ferimentos, eu ficaria inválida pelo resto da vida, e não viveria muito tempo. Mas eu sabia instintivamente que era capaz de curar o meu corpo sem o tipo de medicina que eles praticavam. Minha jornada espiritual rumo à saúde e à cura levou-me a uma *kahuna* havaiana ou, em outros termos, uma xamã. Essa mulher, grande agente de cura, só consentiu em ensinar-me depois de saber que eu era uma descendente direta de índios americanos. Ela me abriu as portas da compreensão de modo que pude ver, ainda mais profundamente, que o Espírito reside em tudo. Ela me ensinou a chamar o Espírito em ocasiões de necessidade. Mostrou-me que a vida não é sempre o que parece ser e que existe magia no universo.

Acredito que todos nós somos guiados para pessoas e situações que podem nos proporcionar compreensão e crescimento. Fui também levada a uma notável senhora japonesa chamada Hawayo Takata, Grã-Mestra de *Reiki*, método usado para canalizar a energia de cura do universo. Quando nos encontramos pela primeira vez, ela afirmou que estivera esperando eu entrar em contato com ela e perguntou-me por que demorara tanto para fazer isso! Acabei organizando alguns dos seus cursos para ocidentais. Hawayo, que não era apenas minha mestra mas se tornou uma grande amiga, ensinou-me a entrar em contato com a energia da força vital de forma que esta me invadisse os braços, para que se curassem.

Cada uma das minhas professoras me ajudou a encaixar uma peça do quebra-cabeça da minha vida à medida que eu começava a descobrir meu lugar no universo. Exercitei-me também com um mestre excêntrico de *shiatsu*. Aprendi com ele a equilibrar o corpo fazendo pressão sobre vários pontos semelhantes aos usados na acupuntura.

❖

Pena Dançarina

De todos os meus professores, o que terá sempre um lugar sagrado no meu coração será Pena Dançarina. Eu estava ao seu lado enquanto ele agonizava no hospital indígena de Santa Fé, e lembro-me de ter ficado desalentada por ele estar deixando este mundo tão depressa. Eu tinha no peito um profundo sentimento de perda e de tristeza, pois eu perdia assim um bom amigo e professor. Também senti um pesar profundo porque, em meu aprendizado com ele, não aproveitei a oportunidade de aprender mais. Pergunteilhe: "Pena Dançarina, qual é a coisa mais importante que você gostaria que eu soubesse?" Com um dedo moreno, curtido pelo tempo, ele me fez sinal para que eu me aproximasse um pouco mais. Quando fitei seus olhos impenetráveis tive a impressão de estar caindo nas estrelas. Ele murmurou suavemente: "Conserve a simplicidade", sorriu e recaiu sobre o travesseiro. E, lentamente, como a suave maré invadindo a praia, a verdade das palavras de Pena Dançarina caiu dentro de mim. Nunca me esqueci da sabedoria desse conselho. Suas últimas palavras para mim foram as seguintes: "Onde quer que você esteja, aonde quer que vá... estarei com você."

Ao deixar o hospital, eu sentia o coração pesado, por saber que nunca mais veria meu querido professor nesta vida. Desatei a chorar, a princípio vagarosa e mansamente. Olhei para cima, onde começavam a se formar nuvens escuras e ameaçadoras. Aquele fora um ano muito seco, e as colheitas estavam sofrendo em razão da falta de chuvas. De repente, um vento frio começou a soprar. Logo, uma gota enorme depois de outra pôs-se a cair, pesada, sobre a terra vermelha e poeirenta, debaixo dos meus pés. Pus-me a chorar com mais força. A chuva recrudesceu. Relâmpagos ásperos rasgavam o céu de uma ponta a outra. Senti que os Espíritos do Céu também estavam pranteando a perda do meu professor. Comecei a correr quando as pancadas de chuva encharcaram a terra. E enquanto eu continuava correndo, com os olhos embaçados pela chuva e pelas lágrimas, passei pelo que me pareceu ser um velho índio bêbedo caído sem sentidos à beira da estrada. Quando passei a seu lado, ele ergueu a cabeça como se uma barra de aço lhe tivesse sido empurrada pela espinha acima, olhou diretamente para mim e disse: "Não me esquecerei." A seguir, tornou a cair para a frente. Não me foi possível perceber naquele momento o quanto os olhos dele se pareciam com os de Pena Dançarina.

Pena Dançarina era homem de poucas palavras mas, quando falava, sempre falava a verdade. "Onde quer que você esteja, aonde quer que vá... eu estarei com você." Depois da sua morte, uma coisa muito estranha começou a acontecer. Toda vez que eu dava um seminário sobre cura, as pessoas clarividentes diziam: "Estou vendo um índio a seu lado." E passavam a descrever Pena Dançarina. Isso me intrigou porque, nessa ocasião, eu não comentara com ninguém o meu aprendizado fora do meu círculo familiar. E depois, as pessoas começaram a me contar que passaram a surgir para elas penas de pássaros em momentos importantes da vida.

❖

Penas

Uma mulher contou-me uma história inusitada — apenas uma dentre muitas parecidas.

> Sou mãe solteira e tenho três filhos pequenos. Eu estava passando por um período muito difícil de minha vida, pois não podia cuidar financeira nem emocionalmente de mim nem dos meus filhos. Pensando neles, cheguei à conclusão de que eles estariam muito melhor

sem mim. Levantei-me, certa manhã, decidida a suicidar-me naquele dia. Eu simplesmente não podia continuar vivendo nem mais um dia. Nesse momento, ouvi baterem à porta. Fui até a porta, abri-a e olhei para a esquerda e para a direita. Não havia ninguém ali. Nisso, exatamente no instante em que eu me dispunha a fechar a porta, olhei para o chão. Ali, bem na entrada, perfeitamente dispostas, havia três penas brilhantes e lindas. Olhei para as penas... pensei nos meus três lindos filhos e percebi que, de um modo ou de outro, eu conseguiria superar as dificuldades. A visão das três penas foi um ponto decisivo para mim. Agora eu estou bem, tanto do ponto de vista financeiro quanto do emocional, e estou, de fato, apreciando a vida e meus três filhos.

Tenho ouvido muitas histórias sobre o aparecimento de penas. Cada pena parecia conter uma mensagem. Às vezes, a mensagem parecia ser: "Você vai indo muito bem. Continue assim." Outras vezes, aparentemente, a mensagem indicava um rumo que a pessoa deveria seguir na vida. Acredito que as penas são mensagens do Espírito. São a realização do pacto feito por Pena Dançarina em seu leito de morte.

Acredito que, se você estiver lendo este livro, penas começarão a aparecer na *sua* vida. Quando começar a descobrir quem você foi em outras encarnações, e quando se dispuser a eliminar velhas programações negativas de vidas passadas, penas começarão a aparecer para você. Praticando os exercícios deste livro você terá dado início a uma incrível jornada de autoconhecimento, e as penas servirão para lembrar-lhe que você não está só na sua jornada. Amigos espirituais, que neste momento se encontram ao seu lado, zelam por você, o amam e guiam. Eles o ajudam a "lembrar-se" de quem você é, auxiliando-o a liberar antigos bloqueios.

Toda vez que você vir uma pena, detenha-se por um momento e preste atenção à sua voz interior. Pode ser uma pena que você avistou no chão, ou uma pena que aparece em sua casa, ou ainda uma pena que vem caindo, devagarinho, do céu. Tanto pode ser uma pena pequena quanto uma grande. Mas cada pena contém uma mensagem. Cada pena é uma mensagem do Espírito. Quando você a vir, limite-se a parar, onde quer que esteja, nem que seja por um segundo. Uma mensagem acompanha a pena. Partilho com você essa dádiva do meu mestre. Ele gostaria que eu fizesse isso.

❖

Minha jornada pela cura, pelas vidas passadas e pelos sonhos

O fato de ter sido alvejada não só me iniciou numa busca para compreender a natureza espiritual da reencarnação, mas também escancarou instantaneamente, com grande ferocidade, a porta dos meus sonhos. Imagens vivas e, não raro, perturbadoras inundavam o meu ser durante a noite. Essas imagens me pareciam, às vezes, tão reais que as fronteiras entre as horas de vigília e as horas de sono se confundiam. De quando em quando, meus sonhos se enchiam de cores, sons e aromas de natureza idílica e até visionária. Alguns deles eram profundamente suavizantes e tranqüilizadores e eu, até de modo fortuito, tinha um vislumbre passageiro do lugar pelo qual passara quando me supunham morta. Eu me agarrava a essas imagens enevoadas, apenas para vê-las dissiparem-se qual nevoeiro fino.

Meus sonhos eram muitas vezes inquietantes. À proporção que essas portas noturnas de percepção se abriam para mim, eu via imagens guardadas por um longo espaço de tempo. Inúmeras imagens de existências passadas, aparentemente esquecidas nos recessos de minha mente, começaram a apresentar-se aos borbotões, ao passo que nos meus sonhos eu me via em outros tempos e em outros lugares da história. Talvez o ataque furioso de imagens que me enchia as horas de sono possa equiparar-se a um computador descarregando informações ou uma represa cujas paredes houvessem retido um grande rio por muitos anos. Por intermédio dos meus sonhos comecei a compreender que grande parte das crenças que eu tinha a respeito de mim mesma e do mundo provinha de experiências por que eu passara em outras existências. Revivendo, porém, essas lembranças nos sonhos eu estava trazendo à consciência crenças, decisões e julgamentos antigos e limitantes que carregara existência após existência. Agora eu podia começar a me livrar deles.

Há um adágio que diz: "Reviver é aliviar", e parecia-me que as imagens que vinham à superfície durante a noite me ajudavam a "reviver" lembranças esquecidas, de modo que eu podia começar a "aliviar" o fardo que o passado estava assumindo na minha vida. Usando muitas técnicas, incluindo a investigação de minhas vidas passadas em meus sonhos, comecei a curar-me, física e emocionalmente.

A cura

Como eu consegui me curar completamente dos meus terríveis ferimentos, a despeito das poucas probabilidades, as pessoas se acercavam de mim e me perguntavam se eu não podia ajudá-las a se curar também. Comecei com a cura pela imposição de mãos. Minha prática desenvolveu-se muito depressa e pus-me a trabalhar com muitas pessoas, usando os mesmos métodos que eu empregara na minha cura. Desenvolvi uma capacidade natural de canalizar energia de cura através das mãos, com resultados notáveis.

Quando os pacientes me procuravam para um tratamento começávamos primeiro a conversar muito sossegados. Eu lhes perguntava que resultados desejavam para o tratamento, o que ajudava a determinar a direção que eu tomaria. Eu pedia-lhes, então, que se deitassem numa mesa de massagem ou num tatame colocado no chão. Em seguida, eu me sentava ao lado do paciente e permanecia imóvel. O ritmo da minha respiração diminuía. Eu esperava até sentir uma brisa quente de energia banhar meu corpo. Minhas mãos ficavam muito aquecidas... quase quentes. Eu começava colocando-as muito suavemente sobre a cabeça do paciente até perceber que uma corrente quente de energia de dentro de mim passava para ele. Eu sentia uma corrente contínua de luz, som e amor fluir através de nós dois.

Depois eu passava a pressionar pontos do corpo dele; cada ponto correspondia a um órgão ou glândula diferente. Enquanto fazia a massagem, começava a ter experiências incríveis, como se eu estivesse desaparecendo no ponto de pressão. Cada ponto era como um túnel imenso, que levava às estrelas, e eu tinha a impressão de estar atravessando o túnel e caindo no espaço. O "paciente" parecia desaparecer. "Eu" desaparecia. Só havia estrelas, luz e sons harmônicos. Cada ponto tinha um som e uma cor diferente. Enquanto explorava o notável universo interior dos meus pacientes, eu via que cada ponto tinha um som harmônico ou uma subfreqüência especial. Descobri que cada ponto não somente estava ligado a uma infinidade de universos interiores como, de fato, cada ponto também se achava diretamente ligado a um local, um ponto de força ou um vórtice específico da Terra, assim como a um ponto específico do universo.

Cada ponto em que eu exercia pressão não somente equilibrava os órgãos e glândulas do corpo físico, favorecendo a liberação de emoções negativas, como também lhes chegava aos lugares mais internos e externos do ser. Eu "sabia" que, no sossego silencioso da minha sala de tratamento, o mundo era um lugar melhor por causa do que estávamos fazendo. A energia de cura se irradiava de cada ponto de pressão do corpo humano para cada ponto de pressão do planeta... e para cada ponto de pressão do universo.

Cada ponto era como um eco ouvido através do universo. Cada ponto sincronizava tanto o agente de cura como o paciente com o ritmo primordial das áreas mais remotas da galáxia. Nas sessões de cura eu me sentia muito próxima de ligar-me à luz e ao amor infinitos que sentira em minha experiência de quase-morte.

E, de forma aparentemente milagrosa, com cada tratamento não só os meus pacientes eram grandemente beneficiados, mas eu me curava também. Tanto a agente de cura quanto o paciente entravam num reino maravilhoso de amor e cura. Acredito que algumas das curas mais profundas ocorrem quando você consegue dar um passo além dos limites da separação. Isso ocorre quando você já não está curando alguém que se acha separado de você. Você entra num lugar esplendoroso em que os limites da separação diminuem. Você já não é o agente de cura, nem ele é o paciente. Vocês dois estão empenhados numa dança cósmica entre as estrelas.

Também comecei a compreender que todas as curas que eu estava fazendo eram, no fundo, "autocuras". Descobri que cada paciente com que eu trabalhava fazia parte do meu "eu" maior, que habita em cada pessoa e em todas as coisas. Cada um dos meus pacientes, aspecto diferente do "eu" maior, representava uma parte especial do meu "eu" que precisava de ajuda.

Em determinada fase, por exemplo, inúmeros pacientes de câncer vinham tratar-se comigo. Enquanto trabalhava com eles, percebi que havia muitas semelhanças entre nós. O câncer os estava corroendo e, se bem eu não tivesse um câncer físico, eu tinha alguns problemas emocionais que me estavam "corroendo". As coisas que estavam me "corroendo" pareciam ter-se transformado espontaneamente ao mesmo tempo que meus pacientes apresentavam resultados positivos em suas sessões. Compreendi que o processo de cura começava sempre por mim. "Eu" nunca curava ninguém senão a "mim mesma".

Em minha prática de cura pela imposição de mãos eu costumava obter excelentes resultados. Uma vez ou outra, no entanto, eu atendia alguém cuja dor física ou emocional desaparecia — para voltar mais tarde. Isso, para mim, era uma frustração. Compreendendo que muitos dos nossos problemas atuais têm origem no passado, pus-me a realizar a regressão de pacientes até incidentes anteriores de sua vida — sucedidos, muita vez, na primeira infância.

Vidas passadas

Eu usava muitas técnicas de relaxamento nas minhas regressões. Eu pedia aos meus pacientes que se deitassem e relaxassem, auxiliando-os com técnicas de respiração e processos de visualização. Sugeria-lhes, em seguida, que se lembrassem de algum incidente ocorrido no dia anterior.

Depois de o paciente ter revivido a lembrança, eu lhe sugeria que retrocedesse para a semana anterior. Depois disso, eu prosseguia, fazendo-o retornar até a primeira infância. Dessa maneira, meus pacientes conseguiam recuperar lembranças já esquecidas e curar velhas feridas emocionais. Verifiquei que muitos problemas atuais eram solucionados por meio da regressão à primeira infância. Durante essas regressões, os pacientes se livravam das decisões e crenças negativas, estabelecidas nesse estágio da vida.

Por exemplo, um homem com um ombro muito dolorido veio procurar-me para que eu o tratasse com a imposição das mãos. Depois de eu ter trabalhado nele, o ombro ficou ótimo. Entretanto, três semanas depois, a dor voltou. Ajudei, então, o homem a regredir a um ponto em que, menino ainda, o pai lhe golpeara o ombro. O pai chegara à conclusão de que o filho não estava cumprindo suas obrigações e o espancara. Agora, adulto, ele achava que não estava sendo suficientemente responsável. Ele associava o fato de sentir-se irresponsável à dor no ombro. De sorte que, toda vez que se sentia irresponsável, recriava o ombro dolorido.

Recriamos subconscientemente no presente situações semelhantes às nossas circunstâncias no passado. Fazemos isso para reestimular as emoções reprimidas do passado, e poder nos livrar delas. Quando o meu paciente retrocedeu à infância, ele pôde sentir novamente o pesar, a dor e o sentimento de injustiça que reprimira na ocasião em que o pai lhe batera. Livrando-se dessas emoções, ele conseguiu acabar com a dor do ombro. Como crianças, todos tomamos decisões e fazemos julgamentos que ainda exercem influência em nossa vida presente. Descobri que, ajudando alguém a regredir à época em que ele tomava decisões negativas era possível, com muita freqüência, neutralizar essas decisões e acabar com os sintomas correspondentes *para sempre*.

Havia, contudo, alguns casos persistentes, mesmo depois de uma regressão à infância, em que os sintomas voltavam. Isso me deixava muito intrigada. Janet sofrera de úlceras durante anos. Estava nas mãos de um médico tradicional, que lhe receitara alguns medicamentos. Ela também mudara a sua alimentação e, a conselho do médico, inscrevera-se num curso de redução do estresse. Não obstante, as úlceras persistiram, e ela sentia, intuitivamente, que havia mais alguma coisa que poderia fazer e que lhe seria de grande auxílio. Ela procurou-me para um tratamento, e nós decidimos que talvez pudéssemos encontrar, na sua primeira infância, algumas pistas para curá-la. Ela retornou à idade de vinte anos, depois de dez, sete, seis... e, de repente, ficou muito deprimida. Sua respiração se acelerou ofegante e ela começou a ficar ofegante. Eu disse-lhe que ela podia observar calmamente as circunstâncias à sua volta e perguntei-lhe o que estava sentindo.

"Fui envenenada!", respondeu ela.

"Quando tinha seis anos de idade você tomou algum veneno?, perguntei-lhe.

"Não! Eu fui envenenada!"

Fiquei preocupada, imaginando que ela descobrira uma lembrança na qual, ainda criancinha, lhe fora dado algum veneno. E perguntei-lhe: "Quem a está envenenando?"

E ela respondeu: "Os inimigos do meu marido estão me forçando a tomar veneno."

Eu sabia que ela não era casada e, assim, por um momento, fiquei confusa.

"Onde você está?", indaguei.

"Estou na Índia."

Pedi-lhe que descrevesse o que estava acontecendo. Janet passou a contar-me que era a jovem esposa de um homem mais velho, de convicções políticas muito arraigadas, que se opunha aos que estavam no poder. Descreveu a angústia que sentia. Mesmo amando o marido e desejando apoiá-lo, abominava a desarmonia que as convicções dele acarretavam à vida do casal. Numa noite em que o marido estava viajando, os inimigos dele invadiram-lhe a casa e obrigaram-na a tomar veneno. Ela morreu sentindo-se indefesa e impotente.

Pedi-lhe que voltasse no tempo à vida que estava vendo e "tornasse a representá-la", tomando algumas decisões que a fizessem sentir-se menos indefesa e mais responsável por sua vida e seu destino. Ela aceitou a sugestão e viu-se ativamente empenhada numa campanha destinada a conseguir que outras pessoas da aldeia compreendessem o ponto de vista de seu marido. Viu outras pessoas aderirem às idéias dele, o que lhe conferia uma robusta plataforma de apoio que lhe proporcionava força e proteção. Ela se "viu", com o marido, constituindo uma família, e os dois morrendo em idade avançada, muito queridos na comunidade. Enquanto ela me descrevia a cena reformulada, mudou-se-lhe o semblante e seu rosto brilhou, inundado por uma paz profunda.

Depois dessa sessão, falamos sobre a sua vida presente. Ela mantinha um relacionamento em que se sentia indefesa. Contou que as úlceras haviam aparecido mais ou menos na ocasião em que começara o relacionamento. Falamos a respeito de algumas opções que se lhe ofereciam na relação presente. Dali a poucas semanas, as úlceras tinham sarado de tudo e não voltaram mais.

Na vida presente de Janet, as dificuldades do relacionamento haviam ativado lembranças similares de uma vida passada. No seu subconsciente ela associara o sentimento de impotência aos buracos produzidos no seu estômago pela ingestão de veneno. Quando se sentiu impotente na vida atual, isso ativou o trauma físico da vida passada e, dessa maneira, contraiu uma úlcera, que são "buracos" no estômago. No correr da sessão, ela ativara a lembrança subconsciente de ter sido envenenada numa ocasião em que se sentia impotente num relacionamento. Mudando as imagens do subconsciente foi-lhe possível mudar a programação negativa que estava influindo em sua vida atual.

Quando vi os resultados na vida de Janet fiquei muito emocionada pelo potencial da regressão a vidas passadas. A atitude de lidar com os problemas só levando em conta o tempo presente pode ser comparado ao ato de ceifar dentes-de-leão. Você pode ceifá-los, mas eles continuam brotando. É só quando você cava a terra até chegar às raízes que eles deixam de brotar na superfície. Em minha prática terapêutica, quando topava com um problema que não podia ser resolvido pelo exame da primeira infância, eu fazia o paciente regredir às "raízes" do problema numa vida passada. Resolvida as questões da vida passada, os sintomas quase sempre desapareciam permanentemente.

Descobri que a maioria dos nossos bloqueios presentes pode ser rastreada até uma vida passada. Voltando atrás e revivendo o que ocorreu no passado, podemos vencer tanto os desafios físicos quanto os desafios emocionais. Com a terapia das vidas passadas meus pacientes se livraram de doenças e fobias. Superaram dificuldades de relacionamento, aumentaram a criatividade e se livraram de inúmeros bloqueios. Os resultados foram espantosos.

Mais tarde, descobri outra técnica de sintonizar vidas passadas. Quando eu pressionava com os polegares um ponto de *shiatsu* em meu tratamento pela imposição das mãos, muitas vezes via imagens projetadas em minha mente. Além disso, a pessoa na qual eu estava trabalhando, com freqüência, via, de modo espontâneo, as mesmas imagens. Eram, não raro, imagens da primeira infância que elas tinham esquecido, porém, em geral, eram imagens de existências anteriores.

Comecei a compreender que as lembranças de vidas passadas não estão apenas alojadas em nosso cérebro, mas também em nosso corpo, e a estimulação dessas imagens para trazê-las à tona trouxe resultados positivos enormes na vida dos meus pacientes! Compreendi que cada célula do nosso corpo tem consciência, e que cada uma delas abriga emoções e lembranças de vidas passadas. Assim como o DNA/RNA codificou em sua estrutura em cianotipo do nosso corpo físico, acredito que, dentro da sua intricada estrutura, existem lembranças desta vida e de vidas passadas! Essa foi uma descoberta importante para um trabalho em grupo que eu faria mais tarde com regressões a vidas passadas. Nesse trabalho as pessoas estimulavam pontos do corpo para facilitar a lembrança das vidas passadas.

Muitos clientes meus passaram a contar que, depois do meu tratamento, os sonhos deles começaram a mudar, a destacar imagens e lembranças de outros tempos da história. Dir-se-ia que, uma vez abertas as portas que davam para o passado, os sonhos eram usados como pontos de processamento para liberar o acúmulo de milhares de anos de existência, ansiosos por liberação.

Tão entusiasmada fiquei com os resultados apresentados pelos meus clientes que passei a usar regressões a vidas passadas em minha vida pessoal. Nessa ocasião eu lutava com um problema de peso. Eu era uma dessas pessoas que vivem fazendo regime — perdendo peso e depois voltando a engordar. Eu pesava mais de 77 quilos, podia perder uns 4,5 quilos, mas era inevitável que tornasse a recuperá-los. Quando descobri o poder da regressão, eu mesma fiz a minha regressão a uma determinada época da minha infância. Ali "vi" uma imagem de mim mesma: uma menininha de três anos que minha mãe chamara de "grande garota". Era o seu jeito de fazer-me saber que ela me aprovava. Por uma razão qualquer, isso produziu em mim um efeito muito forte. Associei "grande" a "boa". Mais tarde, já adulta, eu queria naturalmente ser "boa", de modo que eu ajudava subconscientemente meu corpo a ser "grande". Assim que compreendi isso, perdi 6,5 quilos sem o menor esforço. Mas mesmo assim eu não pesava o que supunha ser o meu peso ideal. Continuei a lutar para chegar a esse peso ideal, mas sem êxito. A essa altura, recebi, mais uma vez, uma revelação espantosa, que veio à tona através de um sonho.

Meu sonho era muito vívido. A poeira me assaltava as narinas. Ondas de nuvens douradas de poeira envolviam o rebanho de búfalos que passava por mim em disparada. Com o rosto contra o vento, minhas narinas sentiam o cheiro fétido dos animais tangidos pelo medo. Era como se eu estivesse enraizada na terra e, por mais estranho que pareça, a disparada dos búfalos parecia refletir a agitação constante da minha alma. Despertando desse sonho dramático, percebi que em minhas horas noturnas eu fora transportada, além da ponte do tempo, a uma vida passada em que eu era uma índia americana. As imagens e os aromas do sonho eram muito reais, as cores tremeluzentes muito vivas. Em minhas horas de vigília eu usava o sonho como ponto de partida para regressar a uma vida passada, em que me lembrava de ter sido membro de uma tribo errante de *blackfoots*. Depois desse sonho, imagens e sentimentos começaram a aflorar espontaneamente — e até inesperadamente, durante minhas horas de vigília. Comecei a ver como muitos hábitos de minha vida atual poderiam ser rasteados até a vida dos *blackfoots*.

Éramos uma tribo nômade que precisava estar sempre em movimento para encontrar o que comer. No inverno, nem sempre havia comida suficiente. E até quando havia, era preciso respeitar uma hierarquia na hora das refeições. Os anciãos do sexo masculino comiam primeiro, depois os chefes e os guerreiros e, por fim, as mulheres e as crianças. Como eu estava velha e debilitada, muitas vezes eu era a última a comer e ia dormir com fome.

Eu vi como essa experiência de uma vida anterior criara um padrão na minha vida atual. No presente, às refeições, toda vez que havia uma travessa de onde todos se serviam em vez de pratos individuais, um pânico inexplicável me invadia. Eu tinha medo de não conseguir o suficiente para comer. Quando servida, comia vorazmente, ainda que não tivesse fome. Isso fazia mal à minha saúde, pois eu comia tão depressa que não digeria bem os alimentos. Além disso, eu comia mais do que o meu corpo precisava. Nesses momentos de pânico, eu estava reinterpretando minhas lembranças de não ter o que comer. O fato de reviver minha relação com a comida na pele de uma índia da tribo dos *blackfoots* me ajudou a compreender minha relação atual com a comida. Quando me livrei da crença de que não me sobraria o suficiente para comer foi-me possível comer mais devagar e começar a comer mais de acordo com as necessidades do meu corpo, em vez de obedecer a um velho medo com relação à minha sobrevivência.

Na minha velhice como índia vi-me às voltas com um problema no quadril que me impedia de acompanhar a marcha da tribo em suas andanças entre os acampamentos. De acordo com a tradição tribal, as pessoas idosas eram deixadas para trás quando não conseguiam acompanhar o passo dos outros. Conscientemente, como índia, eu compreendia que era necessário deixar os velhos para trás a fim de assegurar a sobrevivência do resto da tribo. Subconscientemente, porém, nessa vida eu senti angústia, solidão e o gosto amargo da traição, sentimentos esses que estavam em desacordo com a minha aceitação dos costumes da tribo. Minhas emoções, confusas, foram reprimidas.

As imagens e sentimentos de minha vida como *blackfoot* são muito claros. Depois de ser abandonada, lembro-me de ter encontrado abrigo numa pequena reentrância de rocha — que não chegava a ser uma caverna. O ar do final de outono era áspero e frio. Cada aspiração de ar mordia cortantemente o interior das narinas e provocava um ardor gelado dentro dos pulmões. O frio passava através das minhas roupas, passava através dos pensamentos, passava através do último vestígio de calor que ainda me restava. O céu era uma ervilha entre verde e cinzenta. Ainda não começara a nevar, de sorte que não havia sequer o conforto da alvura macia que tudo recobre e suaviza a dura realidade de ter sido abandonada. Negras e distantes, as montanhas destacavam-se diante do céu. Galhos nus silhuetavam-se contra um horizonte acinzentado, salientando minha penosa solidão. O frio era cortante. Minhas mãos estavam congeladas. Já não sentia os pés. A fome me corroía a razão. "Como puderam deixar-me! Pensei que fossem meus amigos. Trabalhei tão duro. Dei tanto de mim. Como puderam me abandonar. Desisto. Deixem-me dormir. Deixem-me morrer. Deixem-me morrer. Deixem-me morrer..."

Eu estava morrendo de fome e de frio, com sentimentos extremos de ressentimento e solidão. Os sentimentos e decisões que tomamos na hora da morte, muito fortes, são às vezes transferidos de uma existência para outra. Nem todas as emoções, contudo, se transferem. Transportam-se as emoções e sentimentos reprimidos — os que não concordamos em sentir e expressar na ocasião — e que criam os bloqueios do dia de hoje.

Assim, não foi o fato de morrer de fome que criou o bloqueio que resultou no meu excesso de peso para a minha vida atual. Recordando essa lembrança como índia, pude compreender por que, todas as vezes em que tentara fazer regime para perder peso nesta vida, eu me sentira incrivelmente solitária e deixava para trás a dor emocional. Subconscientemente, eu associava a falta de comida a lembranças de ter sido abandonada e estar sozinha. Quando me deixei sentir as penosas emoções, que eu reprimira nessa existência anterior, livrei-me dos quilos que ainda precisava perder! Além disso, descobri que a terapia das vidas passadas é um excelente auxiliar de qualquer dieta para toda e qualquer pessoa interessada em emagrecer. Cerca de 95% das pessoas que perdem peso graças a um regime alimentar voltam a engordar. Aqueles que perdem peso porque identificaram a fonte emocional do problema, que se encontra freqüentemente numa vida passada, em geral conseguem manter-se magras para sempre.

O fato de descobrir minha existência passada como índia *blackfoot* também me fez desvendar os mistérios que estavam criando barreiras na minha vida atual. Toda vez que a nossa tribo se mudava, era preciso que nós carregássemos bagagens pesadas por longas distâncias. Na minha vida atual, estou sempre carregando pesos, muitas vezes sem necessidade. Chego, às vezes, a levantar uma pedra pesada do chão e carregá-la por uma longa distância, sem nenhuma razão aparente. Esse não só era um hábito esquisito, mas também prejudicava a minha coluna. Assim que reconheci a origem desse comportamento, deixei de sentir qualquer compulsão para carregar coisas pesadas.

Na minha vida como índia *blackfoot* fui uma curandeira que ministrava ervas, fazia partos e curava feridas (todas as coisas, aliás, que tenho feito nesta vida). Apesar de ser uma excelente agente de cura para os outros, meu problema nos quadris fez com que eu não me sentisse digna do casamento, visto que eu parecia associar capacidade física com merecimento. Nunca me casei nessa vida. E também pus a culpa na tribo, achando que a tribo é que me via como indigna.

Transportada para essa vida como índia americana, entendi que não era o julgamento da tribo, senão o meu próprio julgamento que me fazia rechaçar minha história anterior. Na minha vida atual, desde a primeira infância, eu presumira que jamais casaria. Mais tarde, os ferimentos que sofri em decorrência dos tiros fizeram que eu me sentisse indesejável como mulher, corroborando ainda mais a idéia de que eu nunca me casaria. A volta no tempo ao ponto em que eu tomara a decisão inicial como índia, e o fato de revivê-lo pareciam ter eliminado, como num passe de mágica, o bloqueio de toda uma vida no que se refere a um relacionamento satisfatório. Hoje tenho um marido maravilhoso a quem chamo o homem dos meus sonhos.

Muitas coisas mudaram na minha vida atual depois que se abriu a porta para essa vida de índia *blackfoot*. Sempre sofri de má circulação nos pés e nas mãos, até num clima quente como o do Havaí. Esse foi o legado que recebi da morte por congelamento na pele de uma índia. Descobri também que, sempre que fico com frio, sinto-me isolada e emocionalmente entorpecida. Eu nunca pude compreender os esportes de inverno nem o esqui no gelo. Não tinha sentido para mim o fato de alguém querer sentir frio de propósito!

O simples ato de alterar as decisões que eu tomara nessa vida passada operou uma grande mudança na minha vida no século XX. Depois disso, minha circulação melhorou tanto que hoje é bem melhor do que a da maioria das pessoas. E agora adoro os esportes de inverno. Na verdade, praticar a corrida de obstáculos através dos campos, disputada com esquis, é provavelmente o mais próximo que consigo chegar de ligar-me com Deus. Adoro o tapete imaculadamente branco de neve. Adoro o silêncio da floresta coberta de neve. Adoro o suave flutuar de cristais desde um galho alto acima da minha cabeça, quando uma brisa delicada agita a árvore. Adoro a cadência sussurrante dos esquis que deslizam sem esforço sobre a neve faiscante. Toda essa alegria me teria escapado se eu não tivesse explorado minha vida passada.

Outro antigo padrão começou a se dissolver depois que vi minha vida como índia americana. Eu precisava sempre ver-me incluída nas atividades de um grupo, e estava sempre querendo fazer com que todo o mundo gostasse de mim, ainda que isso significasse negar o que eu sabia ser correto de acordo com a minha intuição. No ginásio fui eleita a menina "mais simpática" da escola, o que, na época, parecia ser um grande motivo de orgulho. Mais tarde, percebi o que isso significava: que eu tivera de renunciar a muita coisa da minha própria verdade para conseguir que todo o mundo gostasse de mim. No meu subconsciente havia a crença de que, se as pessoas gostassem de mim, eu sobreviveria. Quando eu estava morrendo, na encarnação como índia, continuei pensando que, se os meus companheiros de tribo gostassem mais de mim, eu talvez não tivesse sido deixada para trás. Assim cheguei a esta vida achando que precisava obter a aceitação de todos. O reconhecimento interior de que eu não precisava conseguir a aprovação de todos me libertou para que eu pudesse encontrar minha verdade. Eu poderia agir de acordo com a minha verdade e “ser” a minha verdade. Isso provocou uma mudança enorme na minha vida.

Cada vida passada contém sementes que germinam na nossa vida atual. O fato de morrer congelada e faminta enquanto me sentia traída criou uma carga emocional sobre a traição. Na minha vida atual eu havia criado inúmeras situações em que me sentia traída. Em cada uma dessas situações, passei a ser um redemoinho de emoções — raiva, amargura, ressentimento, tristeza e mágoa. Em todas as situações em que me sentia traída, acabava descobrindo depois que, na realidade, eu não fora traída. Foi exatamente esse padrão de acontecimentos que me ocorreu como índia. Eu não fui traída. Eu sabia que, se não pudesse acompanhar os outros membros da tribo, seria deixada para trás. Sabia que essa era uma lei tribal e, além disso, uma lei que eu mesma aceitara. Eu não fora, na verdade, vítima de nenhuma traição, mas assim me sentia. Continuamos recriando os mesmos padrões reiteradamente até que os libertamos do nosso campo de energia pessoal. Já não crio casos em que me sinto traída. E se alguma vez fizer isso, acho que eu seria agora mera observadora de um velho padrão que se desdobra, em vez de ser esmagada pelas agonias mortais dos sentimentos e emoções que costumavam cercar o acontecimento.

Depois do exame que realizei de minha vida passada como índia, compreendo meu interesse pelas ervas. Já fui dona de um comércio de ervas nesta vida e uso freqüentemente ervas para curar. Também compreendi meu amor profundo pela natureza. Entendi por que eu colecionava chifres de veados. Para um índio, esses chifres têm muitas utilidades, incluindo a de ser um instrumento de trabalho. Entendi o meu gosto pelos tambores e pelos rituais celebrados ao som de tambores. Sou capaz de rastrear muitos dos meus modos atuais de vida até minha existência como *blackfoot*. Faço comumente sessões de rituais indígenas, tais como a cerimônia das rodas de medicina, as buscas de visões e cabanas de exercícios, assim como ensino a tocar, fazer e pintar tambores. Tudo isso me proporciona grande alegria. Tirei tudo o que era belo e sagrado dessa vida passada e incorporei-o à minha vida atual. Não somente vale a pena liberar padrões negativos do passado, como também aproveitar talentos e capacidades daquele tempo, e usá-los agora.

Tenho sangue índio nesta vida, e fui uma índia numa vida passada. Nas terapias de vidas passadas que faço com meus pacientes descubro que nossa herança presente nos fornece amiúde pistas a respeito de uma vida anterior. No passado constatei que ser índia me obrigava a ter uma vida dura e difícil. Em minha vida atual orgulho-me de ser uma nativa americana. Essa homenagem que presto à minha herança ajuda a sanar a dificuldade que tive no passado.

Tive também outra vida no passado que influiu tremendamente na minha existência atual. Na maior parte da minha vida adulta enfrentei problemas com relação a dinheiro e bens materiais. Tanto que recebia algum dinheiro ou ganhava um objeto, e logo eu parecia encontrar uma boa razão para dá-lo de presente. Eu tinha uma necessidade constante de me privar de bens materiais e de dinheiro. Outro aspecto disso se refletia na maneira que eu escolhia as minhas roupas. Eu costumava usar o mesmo estilo de roupas dia após dia, e sempre relutava em comprar algo novo. Quando descobri que numa vida passada eu fora um frade franciscano, que morava numa ilhota ao largo de Veneza, compreendi por que tivera dificuldade em prosperar nessa vida. "Vi" essa vida durante uma experiência de *déjà vu,* quando visitei o mosteiro que se ergue na ilha.

Rememorei minha vida como frade. Lembrei-me do radiante sol que atravessava, pela manhã, minha janela no mosteiro. Os pássaros pareciam estar chilrando um cântico para o cosmo. Que belíssimo dia para se viver! Com efeito, todos os dias eram belíssimos quando louvamos o Senhor. Minha cela pequenina enchia-se do calor do dia que se acercava. Pus os pés no chão de pedra, que ainda conservava um pouco do frio da noite e até parecia macio e confortador para os meus pés descalços. Depois das minhas orações mais sinceras, embora meu coração estivesse estourando de vontade de correr, mantive um decoro contido diante dos irmãos mais idosos ao caminhar para o jardim. Eu gostava muito de trabalhar no jardim. A riqueza do solo em minhas mãos enchia-me de contentamento e paz. O canto dos pássaros acima da minha cabeça era como o maior dos coros de anjos para os meus ouvidos. Uma gavinhazinha tenra que aparecia, provinda de uma escura semente negra plantada por mim, não deixava de ser um acontecimento maravilhoso para os meus olhos. Minha vida era simples, mas cheia de uma paz profunda e rica. Eu tinha noções bem definidas a respeito do bem e do mal. Dinheiro e propriedades eram males. A pobreza era um bem. As pessoas pobres eram as escolhidas de Deus. Todo aquele que infringisse um dos mandamentos estava errado.

O que quer que julguemos certo ou errado apega-se a nós existência após existência. Nessa vida passada, eu fizera votos perpétuos de pobreza e decidira que os bens materiais eram um mal. Na minha vida atual, toda vez que recebia um presente, começava a sentir-me pouco à vontade, ansiosa, e sentia uma compulsão para dá-lo a alguém. As lembranças subconscientes desses votos e da minha vida de monge estavam influindo na minha vida atual a ponto de me ser impossível permitir a mim mesma ter alguma propriedade.

A energia de minha existência passada como monge foi muito forte na minha vida presente. Assim como os dois anos que passei no mosteiro zen, vivi longos períodos na solidão e no retiro. Até quando não morava num mosteiro eu costumava vestir o mesmo estilo de roupa dos monges franciscanos. Todos os dias eu enfiava uma longa túnica parda de algodão cru sobre minhas calças pardas e grosseiras, e calçava sandálias folgadas. Eu usava essa indumentária no trabalho, em casa — e até em casamentos e em outros acontecimentos especiais. Quebrando o voto de pobreza que eu fizera como franciscano, consegui mais liberdade e prosperidade na minha vida presente.

Compreendi que as coisas materiais não são más em si mesmas — nosso apego a elas e nossa identificação com elas é que podem criar dificuldades. Depois de quebrar meus votos de pobreza, tive mais liberdade para escolher o que queria ter em minha vida e o que não queria. Eu já não estava sendo controlada por uma decisão do passado. Pude decidir se queria ter bens materiais ou não, e tê-los sem me sentir culpada. Os votos que fazemos nesta vida e que fizemos em vidas passadas produzem enorme efeito sobre nós. Vale a pena reconhecer e quebrar qualquer voto limitante feito em vidas passadas que possa ter alguma influência negativa sobre nós.

Regressões em grupo

Fiquei tão animada com os resultados dos meus clientes e com os que via na minha própria vida que não hesitei em aceitar um convite para fazer um curso sobre vidas passadas. Comecei a fazer regressões em grupo nesses cursos e fiquei pasmada ao ver que era possível produzir os mesmos resultados, senão melhores, com grandes grupos de pessoas. Passei a trabalhar com grupos de cem a novecentas pessoas ao mesmo tempo, geralmente numa média de duzentas por grupo. Comecei a notar que, vezes sem conta, nos grandes grupos, muitas pessoas rememoravam vidas passadas no mesmo país e no mesmo período da história. Como se elas tivessem decidido voltar juntas, mais uma vez, nestes tempos emocionantes para se livrar não só do karma individual, mas também do karma coletivo do grupo. A idéia se baseia na teoria de que você encarna existência após existência com pessoas que pensam como você. Essas almas podem ser comparadas a um bando de pássaros que migram para países distantes mas que, apesar disso, sempre voam juntos. Uma informação obtida em meus seminários sobre reencarnação mostra sistematicamente que as pessoas encarnam em grupos e tendem a reunir-se de novo, existência após existência.

Um exemplo notável ocorreu em Canberra, na Austrália, alguns anos atrás. Eu tinha sido convidada a fazer um seminário sobre vidas passadas, que incluía uma meditação para induzir a experiência de regressão. Durante as meditações de vidas passadas, não dou nenhuma dica que possa levar alguém a retornar para uma época particular da história. Limito-me a dizer alguma coisa como: "Você se encontra entre as névoas do tempo e, quando as névoas se dissiparem, você estará em uma de suas vidas passadas." Após a regressão, realizei uma votação em que os presentes levantavam, ou não, as mãos. E essa votação indicou que mais de dois terços das cem pessoas presentes na sala, durante a regressão, haviam recordado uma vida passada em Roma! Roma nunca fora sequer mencionada antes da meditação, de modo que os circunstantes não tinham sido programados para pensar nesse tipo de vida. Analisados os resultados, pareceu-nos plausível que essas pessoas, numa existência passada, habitantes da antiga Roma (cidade planejada que era centro de governo e povoada por muitos funcionários públicos), tivessem decidido encarnar em Canberra (outra cidade planejada que era centro de governo e povoada por muitos funcionários públicos).

Num seminário sobre vidas passadas realizado em Seattle houve um número extraordinário de pessoas que disseram ter pilotado aviões de combate na II Guerra Mundial; em outro seminário, muitos disseram ter integrado o grupo dos Pioneiros Americanos; e ainda em outro muitos foram índios americanos. A meu ver, esses casos não são meras coincidências. Acredito que, muito antes desta vida presente, os participantes de cada seminário decidiram vir juntos outra vez, como um grupo, a fim de liberar limitações que eles compartilharam em vidas passadas.

Recebi, recentemente, a carta de uma senhora da Alemanha que participou de um seminário sobre vidas passadas apresentado por mim na Austrália. Ela escrevia para contar-me uma notável experiência que tivera nessa ocasião. Durante o seminário toco música e depois peço às pessoas presentes que circulem pela sala. Digo a elas que, ao cessar a música, podem muito bem estar ao lado de alguém que conheceram numa vida passada. É claro que muita gente considera esse exercício ridículo, mas não deixa de fazê-lo. Ursula escreveu-me que, quando a música parou, ela se viu, "por pura coincidência", de pé ao lado de outro alemão. Havia mais de duzentas pessoas no seminário e ela não o tinha visto ainda. Conversando, os dois descobriram que ambos tinham nascido na mesma aldeiazinha alemã! Quando criança, ela passava, todos os dias, a caminho da escola, pela frente da casa dele. Ambos se haviam mudado para o Canadá, para a mesma cidade, aproximadamente na mesma época — e ambos tinham mudado para a mesma cidade na Austrália ao mesmo tempo. Ora, isso poderia ser uma coincidência surpreendente, ou poderia dar crédito à idéia de que somos atraídos um para o outro muitas e muitas vezes, existência após existência. Essa carta não é um caso isolado: recebi centenas de cartas semelhantes de pessoas que participaram de seminários dirigidos por mim sobre reencarnação.

Às vezes, no fim de uma sessão, pergunto se há ali alguém que deseje descrever o que "viu" no decorrer da meditação sobre a vida passada. Num seminário que fiz em Londres, um homem levantou-se e disse ter visto que ele era um índio americano de pé sobre uma rocha, quando surgiu outro índio que o empurrou lá de cima. Quando ele disse isso, o homem sentado ao seu lado (que ele não conhecia) ficou muito pálido. Perguntei ao segundo homem: "Que foi que *você* viu durante a regressão?" Ele me respondeu com voz trêmula: "Eu era um índio americano e estava empurrando alguém do alto de um rochedo!" Em outra ocasião, uma senhora disse que se lembrava de que vivera na Londres do século XIX, onde, num parque público, empurrava alguém numa cadeira de rodas. A senhora ao seu lado olhou assustada e confessou que, na sua meditação, ela "se lembrava" de ter vivido na Londres do século XIX, onde, num parque público, era empurrada numa cadeira de rodas. Um homem reviveu uma vida em que, nativo da selva amazônica, ajudara a destruir toda uma aldeia vizinha. A pessoa sentada perto dele (um estrangeiro) vira toda a sua aldeia, no Amazonas, ser arrasada por uma tribo vizinha.

Constatei que em grandes grupos é possível gerar uma grande energia, que facilita o exame de vidas passadas e a cura pessoal. Sempre que possível, coloco agentes de cura e terapeutas à volta da sala durante as regressões, o que gera energia de cura e espaço para o coração (lugar de amor), de modo que as experiências das pessoas são positivas, revigorantes e benéficas. Agora eu estou ensinando terapeutas tradicionais a incorporar ao seu trabalho técnicas de regressão a vidas passadas. O interesse cada vez maior pela reencarnação no mundo ocidental empresta crédito à idéia de que, ao sermos catapultados no futuro, haverá uma necessidade coletiva de compreender de onde viemos a fim de estarmos mais bem preparados para o que vier depois.

Você pode mudar sua vida para sempre, de um modo dinâmico, com o uso das técnicas simplíssimas concernentes à reencarnação descritas neste livro. Você não precisa procurar um terapeuta nem participar de um seminário sobre vidas passadas — pode iniciar sua exploração em sua própria casa, a partir de agora. A aceleração do ritmo vibratório do planeta lhe faculta enormemente tomar consciência de suas vidas passadas. A simples leitura deste livro, mesmo que você não faça nenhum dos exercícios mencionados, pode começar a ajudá-lo a sanar programações negativas de outras existências. Depois que você concentrar sua atenção na solução de suas vidas passadas, notará que seus sonhos começarão a mudar. Observe-os. Além disso, observe os padrões e circunstâncias de sua vida. Muita gente começará a ativar padrões de alguma vida passada através da simples leitura deste livro. Quando esses padrões começarem a ser ativados, você poderá começar a sanar o passado usando os métodos descritos neste livro. Nunca houve um tempo mais emocionante para se viver. Nunca houve um tempo mais propício para resolvermos velhas questões e velhas programações negativas. A vida *é* uma grande e grandiosa aventura.

2

Reencarnação e karma

O conceito da reencarnação, foco central da terapia de vidas passadas, tem sido ventilado desde antes dos primeiros registros históricos. Mais de um terço das pessoas hoje acredita nele. A idéia básica é de que, sendo eterna, a alma volta à Terra muitas vezes, através do renascimento em muitos corpos, para crescer e aprender. Cada uma dessas existências proporciona uma riqueza de experiências que permite a cada um de nós, como seres espirituais, tornar-se mais forte, mais equilibrado e mais amoroso e, finalmente, reunir-se ao Espírito. Prefiro usar a palavra "Espírito" em lugar de "Deus" porque algumas pessoas associam a palavra Deus a uma divindade masculina, judicante, que está no céu. Para mim, Deus, o Grande Espírito, o Espírito, a Consciência Cósmica, todos definem a mesma coisa, que é a Força Vital dentro de todas as coisas.

Você já teve alguma vez a experiência misteriosa de estar numa cidade estranha e sentir uma familiaridade quase tão profunda que lhe seja impossível descrever? Você já ouviu um trecho de uma música e se sentiu transportado por ele? Ou já teve um sonho vívido cuja ação se desenrolava numa época da história ou num país estrangeiro, que lhe parecia extraordinariamente familiar e real? Todos esses incidentes podem ter origem em outras existências.

Numa vida, uma alma muito pobre talvez tenha, assim, a oportunidade de aprender a humildade e a desenvoltura. Em outra, ela pode ser rica, para aprender a lidar com dinheiro de maneira justa e positiva. Ela pode ser cega, para aprender a usar a visão interior, ou atlética, para ter e compreender a força física. Uma alma pode ser mulher numa existência e homem em outra, ou provir de uma raça caucasiana branca numa existência e de uma raça asiática em outra. Você pode pensar em vidas passadas, não tanto como blocos de construção, mas como peças de um quebra-cabeça, em que cada peça (existência) nos faz mais completos e equilibrados.

❖

Reencarnação e história

No transcorrer de toda a história, grandes pensadores têm refletido sobre os mistérios da vida, do nascimento e do renascimento. O mais antigo registro de reencarnação nos vem do antigo Egito. Diz ele que a alma é imortal e, quando o corpo perece, ela entra em outro corpo humano. Os antigos hindus e os hindus dos dias de hoje são outro exemplo de pessoas que acreditam que a alma é imortal e habita um corpo depois do outro, empenhada na busca de sua verdadeira natureza divina. Séculos antes de Cristo, Buda ensinou sobre o ciclo da reencarnação — a grande roda da vida e da morte. Os budistas, como os hindus, esforçam-se por livrar-se do ciclo da morte e do renascimento atingindo o nirvana ou a unidade com Deus. Dizia-se que os essênios, membros de uma antiga seita judaica, também acreditavam na reencarnação.

O filósofo grego Pitágoras, que viveu aproximadamente cinco séculos antes de Cristo, não somente falou em reencarnação em seus escritos mas também descreveu suas recordações pessoais das várias encarnações que já tivera. Seu colega filósofo Platão também acreditava na reencarnação. Afirmava Napoleão haver sido, numa vida passada, o Sagrado Imperador Romano Carlos Magno. O filósofo francês Voltaire observou que "não é mais surpreendente ter nascido duas vezes do que uma". O pintor surrealista espanhol Salvador Dali disse acreditar que foi o grande místico espanhol São João da Cruz. E americanos famosos, entre os quais figuram Benjamin Franklin, Henry Ford e Thomas Edison, todos acreditavam na reencarnação.

A idéia de tornar a teoria da reencarnação uma filosofia pessoal viável predomina hoje nas culturas ocidentais. Muitas pessoas acham, nos dias de hoje, que suas necessidades espirituais não estão sendo satisfeitas pelas religiões ou filosofias atuais, e estão-se voltando para o entendimento da reencarnação, a qual responde a perguntas como estas: Por que continuamos repetindo os mesmos padrões negativos muitas e muitas vezes? De onde procedem nossos medos e fobias recorrentes? Por que sentimos uma atração instantânea por certas pessoas e por certos lugares? e, o que é mais importante, qual é o nosso propósito aqui na Terra? A filosofia da reencarnação nos faz compreender o que determina o modo com que cada um de nós tece o seu destino.

❖

Almas gêmeas

Uma das áreas mais importantes versadas pela filosofia da reencarnação é a compreensão dos relacionamentos. A compreensão e a resolução das dificuldades de um relacionamento, que geralmente tem suas raízes em vidas pregressas, podem ajudar a restabelecer a qualidade dos relacionamentos na vida atual. Estes últimos, nossas contrapartidas kármicas, dão-nos a oportunidade de completar toda e qualquer tarefa inacabada e ajudam a nos livrar de pensamentos e emoções negativos que podem se infiltrar nesta existência. As pessoas com as quais tivemos relacionamentos originários de uma vida passada são denominadas almas gêmeas.

Você já teve algum encontro rápido que deixou uma impressão tão marcante que nunca mais conseguiu lançar de si essa lembrança? Embora isso tenha acontecido há anos, lembro-me com clareza de estar na fila de um cinema quando um homem alto e sereno surgiu da escuridão e passou por mim. Parei de respirar. Meus joelhos amoleceram. Tive de me apoiar numa parede para não desmaiar. Quando virei para fitá-lo, ele se fora. Quem era esse homem ao qual eu reagi de modo tão extraordinário? Um psicólogo poderá dizer que eu ativara uma lembrança infantil oculta de alguém parecido com o estranho alto. Entretanto, é muito provável que o objeto do meu olhar fugaz fosse uma alma gêmea.

Quantas vezes terá você tido uma rápida visão de alguém do outro lado de uma sala cheia de gente e sentido uma afinidade instantânea, o conhecimento interior de um espírito irmão? Num breve momento, você não sentiu o desejo ardente de reatiçar lembranças do passado e de conservá-las por toda a eternidade? Ou, em vez disso, nunca topou com alguém e, no mesmo instante, se sentiu pouco à vontade, confuso e talvez até zangado?

Os encontros dessa natureza fazem todos parte de uma rede complexa de intrigas que jazem nas profundezas da nossa mente subconsciente, enquanto tapeçarias de acontecimentos tecem seu caminho ao longo de cada uma de nossas existências. Isso determina o modo com que nos relacionamos com as pessoas que nos rodeiam. Podemos sentir um amor ou um desejo profundo por uma pessoa — ou sentimentos de ódio, inveja ou desprezo por outra. As lembranças da alma vêm à superfície e os relacionamentos são restabelecidos. Quase todas as pessoas com as quais estamos ligados nesta vida provavelmente fizeram parte de muitas de nossas vidas passadas, talvez como irmão, irmã, colega, filho, amante ou pai.

Muitos efeitos das experiências de vidas passadas são recriados nesta vida. Eles podem vir talvez em forma de paixão e romantismo, de aventura, ou de vingança, inveja e ódio. E nessas circunstâncias tornamos a nos encontrar para reviver e reformular o relacionamento. Aqueles olhos familiares do outro lado de uma sala apinhada constituem um lembrete da alma das pessoas com as quais decidimos nos relacionar mais uma vez, e o encontro nos propicia a oportunidade de lidar com esses relacionamentos kármicos.

A idéia de uma alma gêmea geralmente evoca imagens de Romeu e Julieta, Tristão e Isolda ou Katherine Hepburn e Spencer Tracy — imagens de um amor maravilhoso que parece transcender o tempo e o espaço, em que duas pessoas encontram, uma na outra, o seu complemento perfeito. Conquanto a expressão "alma gêmea" é comumente usada para descrever o único grande amor da nossa vida, sou de opinião que as almas gêmeas podem ser definidas como *todas* as pessoas com os quais você esteve muitas e muitas vezes em vidas passadas e até em outras dimensões. Baseia-se essa idéia na teoria de que você encarna, existência após existência, com outras pessoas que pensam como você. As almas gêmeas tendem a reencarnar juntas e são atraídas uma pela outra até nas mais distantes partes do mundo.

Um exemplo pessoal do modo como as almas gêmeas são atraídas uma pela outra aconteceu comigo quando eu era uma jovem estudante universitária no Meio-Oeste. Eu estava muito apaixonada por um professor e costumávamos nos encontrar numa pequena casa de campo. Descobrindo que ele mantinha encontros com outra mulher, desesperada, fiz minhas malas e mudei-me para o Havaí, a fim de deixar para trás o infeliz romance. Algum tempo depois, mudei-me para outro endereço no Havaí, no distrito universitário. Tomando chá com uma vizinha cordial, descobrimos, um belo dia, que tínhamos freqüentado a mesma universidade. Chegamos até a conhecer as mesmas pessoas. E quando ela começou a falar sobre um caso clandestino que tivera com um professor do curso secundário, a verdade lentamente se mostrou para mim — eu estava conversando com minha Nêmesis até então desconhecida. Ela era a mulher com a qual o meu amante tivera um caso. Felizmente a situação ficara muito para trás de nós, de modo que pudemos tornar-nos boas amigas.

Existe uma tendência para pensar que nossas almas gêmeas são só pessoas que encontramos e com as quais sentimos uma afinidade instantânea. No entanto, descobri no meu trabalho de regressão que almas gêmeas também podem ser pessoas com as quais enfrentamos dificuldades na vida presente. Essas pessoas desafiadoras, com efeito, são em geral aquelas com as quais tivemos as mais íntimas ligações numa existência anterior.

Quando almas gêmeas se encontram ocorre habitualmente uma afinidade ou um reconhecimento instantâneo, ou até uma aversão. Se existiu uma ligação sexual numa vida passada, haverá uma tendência a ocorrer uma atração física na vida presente que, às vezes, se mostra quase explosiva. Embora as almas gêmeas nem sempre vejam as coisas pelo mesmo prisma, uma sensação de familiaridade geralmente acompanha o relacionamento. É uma comunicação que extrapola a lógica, um apego profundo (quer negativo, quer positivo) que chega, às vezes, a ser telepático. Nossos pais, nossos filhos, nossos sócios, amigos e amantes podem ser nossas almas gêmeas.

❖

Nossa cara-metade

Talvez um dos mais profundos mistérios encerrados na filosofia da reencarnação é a idéia de que todo ser humano tem um parceiro perfeito à espera de ser descoberto. Essa pessoa tem sido chamada de cara-metade, parceiro dual, chama gêmea e, às vezes (popularmente), alma gêmea. Afirmam os pesquisadores que até na Idade da Pedra uma das principais razões para levar uma vida produtiva era a possibilidade de nascer outra vez perto da pessoa amada na vida seguinte. O escritor alemão do século XVIII, Johann Wolfgang von Goethe, escreveu um romance baseado na idéia medieval de que os casais eram unidos pela vontade divina. O romance chamado *Die Wahlverwandtschaften,* título que se costuma traduzir por *Afinidades Eletivas,* sustenta que toda pessoa tem um parceiro que só está esperando ser descoberto.

Uma teoria, sobre a cara-metade, comumente aceita, é a de que éramos originalmente seres andróginos — nem machos nem fêmeas. Em algum momento do tempo fomos divididos em dois; passamos a ser energia masculina e energia feminina (não necessariamente corpos masculinos e femininos). Essas duas metades se puseram no plano terreno (uma dimensão de polaridades) a crescer e expandir-se, levados pelo desejo permanente de se encontrar. O impulso constante para a procriação é visto como um profundo anseio espiritual da união primordial e da experiência da unicidade ocorrida antes da separação.

Aqueles que defendem essa teoria afirmam que, devido ao aumento do ritmo vibratório da Terra, nos próximos anos, haverá uma tendência cada vez maior para buscar e se reunir com as almas gêmeas e com a nossa cara-metade. Isso explica o crescente número de relacionamentos não-tradicionais que transcendem diferenças de raças, idades, sexos, religiões e posições sociais. A cara-metade de algumas pessoas poderá ser muito mais velha ou muito mais jovem do que elas, pertencerão a outra raça ou uma posição socioeconômica diferente. Entretanto, nos anos noventa, o impulso para estar juntos é mais forte do que os valores da sociedade. A nossa cara-metade também pode estar no mundo espiritual, em vez de estar num corpo físico, prestando assistência a partir do "outro lado". Isso explica a sensação de que alguma presença afetuosa vela por nós. A nossa cara-metade pode ser até do nosso mesmo sexo, embora um de nós provavelmente terá a polaridade negativa (feminina) e o outro a polaridade positiva (masculina).

O relacionamento com a cara-metade nem sempre está livre de dificuldades. Na verdade, o relacionamento pode ser muito tumultuado porque um será o espelho do outro — ele ou ela enfatizarão ou refletirão para você as áreas com as quais você não está satisfeito. Por esse motivo, quando se juntam duas caras-metades, o relacionamento nem sempre é duradouro. No entanto, quando as caras-metades se juntam de fato, seja qual for o espaço de tempo que o relacionamento dure, se dará uma verdadeira união do coração e da alma, que é insondável.

A chance de você encontrar a sua cara-metade depende de quanto você ama e aceita a si mesmo. Se você se considera indigno de amor, quando começar a atrair a sua cara-metade em sua mente ecoará: "Deve haver alguma coisa errada com essa pessoa para que ela (ou ele) me ame." Em seguida, subconscientemente, você começará a achar defeitos na outra pessoa e a deixará. Sua cara-metade pode ser até a pessoa com quem você esteve casado vinte anos, mas não teve olhos para ver.

Para muitas pessoas, muitas perguntas sobre o porquê de estarmos aqui são respondidas quando elas compreendem as teorias da reencarnação e da cara-metade. Elas podem nos ajudar a entender nossos relacionamentos do presente, e oferecer respostas a algumas perguntas sobre a vida, que parecem não ter resposta.

❖

A lei do karma

Intrínseco à compreensão da reencarnação é o entendimento do conceito oriental do karma. "Assim como semearmos, assim colheremos" é o princípio que há por trás da lei do karma. É o destino que criamos para nós mesmos como resultado dos nossos juízos sobre nossos atos nesta vida e em vidas anteriores. Karma é a lei de causa e efeito — a lei universal que determina o modo com que cada um de nós pode tecer o próprio destino. A idéia do karma nos permite compreender o motivo por que uma pessoa só encontra adversidades durante toda a vida, ao passo que outra, aparentemente, tem um caminho fácil para percorrer. No passado, encarava-se o karma como uma espécie de sistema cósmico de contabilidade de débitos e créditos. Os ocidentais, sobretudo, viam nele uma lei punitiva e eqüitativa. Na Bíblia, depois de perder a família e os bens mundanos, Jó gritou para Deus: "Ensinai-me, e eu me calarei; dai-me a entender em que tenho errado."

No passado, interpretava-se o karma como se ele significasse que todo sofrimento era o resultado de más ações praticadas em vidas anteriores. Supunha-se que tudo o que fosse negativo na vida de alguém fora provocado pelo karma. O cego, o deformado, o coxo, o portador de uma doença incurável, o sofredor, todos eram vistos como se estivessem pagando algum mal terrível perpetrado por eles no passado. Buda, contudo, falou sobre o karma desta maneira: "O seu fim é a paz e a consumação é suave." Os hindus falam do karma como se fosse uma conseqüência natural e inevitável de cada ação.

A idéia de que o karma é o sistema pelo qual Deus castiga os homens está-se modificando. Não existe um juiz entre as nuvens que decida o que é errado e o que é certo para cada pessoa. Em vez disso, acredito que haja dentro de cada um de nós uma balança interior de justiça que vigia a nossa integridade. Somos o juiz e o júri. Somos nós que estamos sempre tentando equilibrar a balança, em lugar de uma severa divindade que nos julga. Nossa balança interior considera nossos atos apropriados ou não, e tentamos continuamente mantê-la equilibrada. O veredicto da balança nem sempre é o que *conscientemente* presumimos ser certo na ocasião, ainda que perdoado pela religião ou pela sociedade. Existem verdades interiores muito mais profundas às quais aderimos — e que às vezes transcendem as regras da sociedade.

Acredito que criamos não somente a nossa realidade, mas o nosso karma também. Se você, por exemplo, tiver prejudicado alguém numa vida passada e não tiver compreendido o que fez, nem tiver feito as pazes com essa lembrança, poderá sentir-se indigno e merecedor de castigo. Dessa maneira, em virtude da sua necessidade interior de ser castigado, você cria situações difíceis ao seu redor e descobre que está sendo prejudicado. Não acredito numa punição cósmica — apenas numa autopunição. À medida que você muda suas crenças essenciais a respeito de si mesmo e do mundo, você também se livra do seu karma.

O karma visto pelos nativos norte-americanos

Na América do Norte, o conceito do karma era ligeiramente diferente da visão ocidental ou até da visão oriental. Os atos conscientes na vida eram praticados pelos nativos americanos com a compreensão do modo com que eles afetariam toda a tribo e as sete gerações seguintes. Se você quisesse cortar uma árvore, portanto, teria de pensar em como o corte da árvore afetaria as sete gerações que viriam depois de você. Em algumas tribos, os atos inadequados não eram punidos fisicamente; em vez disso, o transgressor participava de numerosos debates com anciãos da tribo até que todas as conseqüências do seu ato fossem compreendidas.

Fosse qual fosse o modo com que todas as tribos lidavam com essas situações, os americanos nativos acreditavam que cada um dos atos e todos eles afetavam a vida como um todo. Compreendiam intuitivamente que toda a vida e todos os atos estão ligados entre si, que vivemos num universo viável, pulsante e vivo, e que toda vida está inter-relacionada e interligada. O esvoaçar das asas de uma borboleta nas Montanhas Rochosas afeta os furacões das Filipinas, os quais afetam um bebê que está mamando na mãe numa aldeiazinha da Itália. Todo ato tem suas conseqüências. Isso tanto se aplica ao mundo físico quanto aos costumes do homem. A terceira lei do movimento de Newton afiança que cada ação tem sua reação, igual e contrária.

No reino do karma, o poder dos pensamentos é notável. Todo pensamento tem vida própria — tem forma e substância no mundo causal. Dependendo da intensidade, da paixão e da lucidez da mente da pessoa, cada pensamento cria ondulações no campo etérico do planeta. Ações e palavras criam ondas imensas de energia, que ecoam por todo o universo. Dessa maneira estamos sempre criando e equilibrando o karma.

Manifestações do karma

O karma pode manifestar-se de maneiras diferentes. Primeiro, ele pode se manifestar simbolicamente. Alguém numa vida passada, que nunca se dispôs a ver a verdade a respeito de si mesmo e do mundo que o cercava, pode nascer cego, para que possa perceber a verdade através da intuição e do sentimento. Alguém que, como guerreiro *viking*, derramou cruelmente muito sangue em batalhas, pode contrair anemia. Eu tive uma jovem cliente que tinha certa dificuldade para engolir. Numa vida passada, como dançarina, fora forçada a viver uma situação que não podia engolir.

O karma também pode servir para equilibrar a balança. Por exemplo, uma mulher, que fora dama de companhia de uma rainha da Renascença, nunca dera muita atenção aos outros naquela vida e nem se dera tempo de ouvi-los. Nesta vida, ela acha que ninguém lhe dá atenção.

Algumas aflições e dificuldades não são uma manifestação simbólica do karma, nem servem para "reequilibrar a balança". Alguém que seja atormentado por uma doença física, por exemplo, pode encarnar para prestar serviços a outras pessoas. Uma criança nascida com a síndrome de Down pode ser uma criatura muito evoluída que encarnou para suscitar nos outros o "dom de se doar".

Interrogam-me às vezes a respeito do karma associado a esse acontecimento devastador que é a morte de uma criança. Acredito que haja, karmicamente, duas razões para uma criança morrer cedo. A primeira é que essas crianças vieram a serviço da família e dos amigos. Toda vez que morre uma criança normalmente todas as pessoas tocadas pela sua morte fazem um exame de consciência e sofrem uma mudança de consciência. Apesar de ser um processo incrivelmente doloroso, ele geralmente promove o crescimento espiritual. Acredito que, às vezes, a criança que morre é uma alma evoluída que não precisa passar muitos anos na Terra. Necessita apenas de um curto período de existência física para rematar suas experiências no plano da Terra. Acredito que a alma celebra um contrato com os pais e a família antes que o espírito encarne. Embora dele provenha muita dor, um poderoso crescimento espiritual decorre do fato de alguém passar pelo que deve ser uma das experiências mais difíceis do plano terreno.

O karma instantâneo

Tome cuidado com os seus julgamentos a respeito dos outros. Muitas vezes, o defeito que você vê neles se tornará parte da sua vida até você aceitar e esquecer as fraquezas alheias. Vou dar-lhe um exemplo muito simples. Um dia, numa mercearia, ouvi uma mãe gritar, furiosa, com a filha pequena. Aquilo me aborreceu muito e achei que a mãe estava errada gritando com a filha daquele jeito. Pode ser até que eu tenha dirigido a ela um olhar que dizia: "O que você está fazendo é horrível!" Algumas semanas depois, saí de casa para fazer compras e minha filha pequena estava-me deixando maluca. Surpreendi-me a berrar com ela. De repente, porém, eu parei — naquele momento, senti uma compaixão infinita por aquela outra mãe. O mundo será um lugar infinitamente melhor se evitarmos julgar as ações dos outros. Os índios diriam: "Caminhe uma milha com os meus mocassins."

Visto que o ritmo vibratório do planeta continua a aumentar e cada um de nós começa a assumir maior responsabilidade pelos próprios atos, equilibraremos a balança mais depressa. Chamo a isso "karma instantâneo". Por exemplo, se você critica alguém por ser incapaz de se expressar com clareza, no dia seguinte você poderá ver-se numa situação em que sinta a mesma dificuldade para se expressar. Não se trata de um castigo, senão de seu modo de criar uma circunstância que o tornará mais compreensivo e menos propenso a julgar os outros. E isso acontecerá cada vez mais depressa nos anos que se aproximam.

Quando o planeta atingir o fim de um longo ciclo, você constatará um impulso cada vez maior para a conclusão. Verá o "karma instantâneo" ocorrer com freqüência sempre maior. É um modo de dizer o quanto você está-se desenvolvendo depressa espiritualmente. Quanto mais depressa você seguir mais instantâneos serão seus pensamentos e tanto mais depressa lhe voltarão os julgamentos que tiver feito. Você verificará que os relacionamentos malresolvidos e os negócios inacabados (não só nesta vida mas também nas anteriores) se apresentarão futuramente para que cheguem a uma conclusão há muito esperada.

Acredito que, em virtude dessa aceleração, muitas pessoas estão passando por mais de uma existência dentro do mesmo ciclo evolutivo. Muitas pessoas não querem perder tempo voltando a ser crianças, crescendo e cumprindo o karma de um só determinado corpo com as configurações astrológicas que o acompanham. Há tantas outras coisas que elas querem resolver! Muitas estão passando por diversas existências com o mesmo corpo físico. No passado, a pessoa podia nascer em certa aldeia, exercer o mesmo ofício de seu pai e do pai de seu pai antes dele, casar e morrer — tudo na mesma aldeia. Agora, uma mulher, por exemplo, pode passar metade da vida no Brasil, trabalhando como cozinheira, e a segunda metade na Grécia, trabalhando como psicóloga. Cada metade da sua vida pode ocorrer em circunstâncias inteiramente diversas, e cada metade pode estar cumprindo um karma completamente diferente.

Em qualquer debate a respeito do karma é importante que se questione o ponto de vista que afirma: "Não posso fazer nada quanto a isso. É o meu karma." Por mais difícil que seja a situação em que está envolvido, qualquer que seja a dificuldade que a vida lhe impôs, você nunca está preso a uma situação. Você tem livre-arbítrio para mudar suas circunstâncias ou para mudar o modo de encará-las. O seu karma não o encarcerou em situações inalteráveis. O passado, o presente e o futuro são mutáveis. Você pode mudar o seu karma e as circunstâncias da sua vida que dele resultaram.

Destino e livre-arbítrio

A meu ver, cada um de nós nasceu com um futuro predestinado. Acho que no dia em que nascemos, a data da nossa morte já está decretada. A mãe do meu pai era uma astróloga que estudara com um homem notável chamado Manly Hall. Ela se dizia capaz de ver em seu mapa astrológico um gosto pela própria morte, e não creio que se tenha surpreendido quando chegou o momento de deixar o corpo. Ela acreditava em predestinação.

Entretanto, por mais fervorosa que seja a minha crença na predestinação, também acredito no livre-arbítrio. Não é difícil para mim sustentar dois pontos de vista aparentemente opostos. Na verdade, acredito que, quanto mais antagônicos forem os pontos de vista que você pode sustentar, tanto maior será você como ser humano. Acho que em qualquer existência há um futuro e *um passado* predestinados. Entretanto, creio que é possível levar a efeito uma mudança na consciência de modo que você possa escolher uma vida inteiramente diferente, com um passado e um futuro novos. Em outras palavras, você não está preso ao seu passado e o seu futuro é maleável. (Ver capítulo 9, para mais informações acerca de vidas futuras.)

No livro *Autobiography of a Yogi,* Paramahansa Yogananda escreve a respeito de astrologia e karma. No seu entender, um mapa astrológico mostra todo o karma passado que a pessoa acumulou, existência após existência. Escreve ele: "Uma criança nasce no dia e na hora em que os raios celestiais estão em harmonia matemática com o seu karma individual." Ele afirma também que, por intermédio da oração, das práticas espirituais e da conduta correta, você converte um karma difícil, que pode ter produzido um golpe de espada, numa simples "alfinetada". Yogananda adverte, no entanto, que são poucos os astrólogos capazes de decifrar com precisão um karma a partir do mapa astrológico.

Não faz muito tempo que tive algumas experiências notáveis que me forneceram uma série de argumentos muito consistentes em favor da predestinação. Eu estava na África do Sul dirigindo seminários e encontrando-me com membros da tribo zulu. No decorrer das minhas viagens vim a conhecer uma senhora holandesa muito especial. Eu pretendia ir à Holanda logo em seguida, e ela me disse que, visto pretender estar naquele mesmo país na mesma ocasião, gostaria de oferecer-me um jantar em sua casa.

Quando subi a estreita escada holandesa no dia combinado, a tarde estava quente. A janela da sala de estar fora aberta para o canal, mais abaixo, e a sala, pequena, se encheu de sons, vindos da rua. Havia sons metálicos de bicicletas e também se ouviam os serenos murmúrios das conversas que vinham de um café. O sol, refletido no canal, inundava a sala de uma luz dourada. Nisso, minha nova amiga começou a trazer bandeja após bandeja de alimentos. Cada mordida que dávamos era mágica — cores, cheiros, texturas, tudo se fundia numa rica tapeçaria gastronômica. Quando acabamos de comer, ela me disse:

"Denise, há uma história que eu gostaria de contar-lhe. É uma história verdadeira."

Ela falou sobre o tempo que passara na Índia. Durante suas visitas àquele país, ouviu falar de um lugar notável nas montanhas distantes, onde as famílias descendentes de um famoso astrólogo conservavam seus registros havia centenas de anos. Quando os registros estavam quase apagados pelo tempo, eram meticulosamente copiados.

Durante a vida desse astrólogo, toda vez que alguém o

consultava, desejoso de uma leitura astrológica, ele não somente desenhava o mapa da vida atual da pessoa, mas também desenhava os mapas de suas existências futuras! Assim, se você tivesse tido a sorte de ser um dos clientes originais desse astrólogo, centenas de anos atrás, você poderia procurar e achar o mapa da sua vida atual, traçada séculos antes. Ele dizia aos clientes que, se chegassem a recuperar os registros na vida futura, o achado lhes seria de grande valor.

Meu primeiro pensamento foi que isso me soava incrível demais para ser verdade. Imaginei que a lenda talvez fosse um ardil para justificar a cobrança de qualquer coisa pelos mapas, a fim de que os membros de uma aldeia pobre pudessem ganhar a vida vendendo-os. Quando dei voz aos meus pensamentos, minha amiga respondeu que ninguém até então tivera que pagar nada pelos mapas, como também não se consentia nem que os visitantes levassem flores ou dessem presentes.

Ela decidiu viajar para as montanhas com um amigo. Chegando à aldeia, informou o dia do seu nascimento e o lugar onde nascera. Eles procuraram, mas lhe disseram que não tinham encontrado o mapa. Não supunham, portanto, que ela fosse uma das pessoas cujo mapa fora preparado centenas de anos antes. Nada obstante, encontraram o mapa do amigo dela.

Na vida presente, o amigo era portador de uma dolorosa doença de pele. No mapa lia-se que, durante sua encarnação neste século, ele seria portador de uma doença de pele adquirida porque deixara de ser bom para os leprosos em sua vida anterior. Dizia ainda o mapa que, para livrar-se da doença de pele, precisava ser caridoso com os leprosos. Quando ele voltou da Índia para casa, distribuiu algum dinheiro a instituições de caridade ligadas ao tratamento da lepra, e sua moléstia de pele desapareceu de todo. Por fim, parou de contribuir para as instituições beneficentes — e o problema de pele voltou.

Eu não teria considerado tudo isso mais que uma história interessante se apenas um mês depois não ouvisse outra muito parecida. Eu me achava em Londres, fazendo uma série de conferências sobre reencarnação, quando fui convidada para participar de um programa de rádio da BBC, em que convidados de diversas culturas diferentes participavam de um animado debate sobre tópicos variados. Um dos convidados era um homem originário da Índia. Terminado o programa, esse cavalheiro indiano de fala muito macia, médico e escultor, anunciou:

"Há uma coisa que eu gostaria de mostrar aos senhores."

Quando já estávamos sentados na antecâmara, ele sacou de um maço de papéis velhos, já corroídos nas bordas. As páginas estavam cobertas de caracteres que presumi fossem do antigo idioma oriental, o sânscrito. O médico passou, então, a contar uma história assaz invulgar. Quando estava com dezenove anos, viajara com o pai para um lugar em que registros astrológicos haviam sido mantidos por centenas de anos. Tive um palpite de que aquele seria o mesmo lugar que fora descrito em Amsterdã. Depois de longa e árdua jornada, chegaram num dia chuvoso — ocorrência inusitada naquela parte do mundo. Foram verificar se lhes seria possível localizar os mapas astrológicos de suas vidas presentes, e tanto ele quanto o pai descobriram haver sido, de fato, clientes do famoso astrólogo centenas de anos antes. Contou-me o médico que, como estava escrito no seu mapa, viria reclamar os seus registros num dia de chuva, quando tivesse dezenove anos de idade. O mapa também declarava corretamente o nome que usaria em sua vida atual. Enquanto olhávamos para a carta, gasta pelo uso, perguntei-lhe:

"O senhor tem esse mapa há uns trinta anos. Sua precisão foi comprovada?"

O homem examinou cuidadosamente o mapa comigo (conquanto eu só tivesse a sua palavra como garantia do que me disse, pois não sei ler sânscrito) e mostrou-me muitos exemplos de lugares em que o mapa fora muito preciso.

Transmito essas histórias tais quais foram partilhadas comigo. As duas pessoas me pareceram muito honestas, dignas de confiança. Acredito nelas e acredito nas histórias que me contaram.

❖

Transmigração

Freqüentemente me perguntam se sempre fomos seres humanos em nossas vidas passadas. Constatei que não é incomum pessoas "lembrarem-se" espontaneamente de uma existência como animais, por exemplo, se provieram de culturas em que a crença religiosa predominante se baseia na reencarnação. Isso é verdadeiro especialmente quando parte da crença cultural traz consigo necessariamente a transmigração de almas para corpos de animais. Pessoas cuja regressão operei, originárias de culturas nativas, parecem ter predileção por invocar uma vida passada com animais. Descobri ser muito inusitado alguém de nossa cultura ocidental rememorar a vida como animal ao regredir para uma vida anterior. Isso não significa, a meu ver, que os ocidentais não tenham tido vidas animais, ao passo que pessoas oriundas de culturas nativas as tiveram. Creio que, vivendo mais próximas da terra, as pessoas nativas estão mais afinadas com a realidade da natureza e, assim sendo, têm maiores probabilidades de *se lembrarem* de vidas passadas como animais. Os ocidentais se acham tão fora de contato com os ciclos da natureza que é menos provável agirem eles desse modo. Acho que não há nada lá fora que não seja você, de um modo ou de outro, de sorte que não excluo vidas passadas como animais.

Deixe-me contar-lhe uma história verídica que nos leva a acreditar na hipótese de que os humanos tiveram vidas passadas como animais. Os anos que passei no mosteiro zen-budista foram uma época muito austera. Exigia-se de nós que ficássemos sentados na posição de lótus, ou de meio lótus, até dezesseis horas por dia. Durante a meditação ficávamos sentados defronte de uma parede vazia no interior do convento. Não nos deixavam manter os olhos abertos, pois os mestres zen eram de opinião que isso nos distrairia e nós poderíamos cair na tentação de olhar à nossa volta. Mas tampouco nos deixavam fechar os olhos, pois entendiam que poderíamos ser tentados a adormecer ou poderíamos começar a visualizar em vez de meditar. Exigiam de nós que ficássemos com os olhos semi-abertos, olhando para a parede sem focar coisa alguma. Quando nos sentávamos, nossas costas tinham de ficar retas e tesas e não deixavam que nos movêssemos.

Nessas circunstâncias, era fácil ter a atenção desviada pela dor ou pelo cansaço. Assim, como um ato de compaixão, com precisão instantânea, o mestre zen batia no ombro do praticante zen com uma vara *kyosaku* para assegurar-lhe a atenção para sua disciplina. A vara *kyosaku* era como um taco chato de beisebol ou uma haste de metal usada no críquete. O segredo dessa prática consistia em que, se o julgasse bem encaminhado, o mestre zen bateria nas costas do praticante com a mesma força, a fim de incentivá-lo!

Na quietude do mosteiro, os demônios interiores do nosso subconsciente, ou do nosso passado se apresentavam à nossa consciência. Isso era constrangedor e, muitas vezes, exigia de nós muita coragem para enfrentá-los. Os mestres zen nos disseram que, não importava o que víssemos ou experimentássemos durante a meditação, era tudo "maya" (ilusão). Ordenaram-nos que nos desligássemos daquilo. Não sei se essa é a melhor técnica psicológica de lidar com dificuldades emocionais mas, visto ser esse o jeito empregado na tradição zen-budista por centenas de anos, nós o aceitamos.

Um dos mais ávidos dentre os meus colegas de estudos zen chamava-se Chuck. Um dia, esmagado talvez pela dificuldade das práticas monásticas, ele suicidou-se. Enquanto vivi no mosteiro, adotei uma gata branca, perdida, a qual, pouco depois da morte de Chuck, teve seis gatinhos brancos. Um dos gatinhos tinha um olho azul e outro verde. *Chuck tivera um olho azul e outro verde.* Um dia esse gatinho caiu do telhado da garagem, machucou uma perna e começou a coxear. *Chuck também coxeava.* Quando todos os gatinhos tiveram idade suficiente para sair à caça de borboletas e cabriolar pelos jardins do mosteiro, reparamos uma coisa muito estranha. Toda vez que soava o gongo para dar início à meditação, o gatinho de olhos de cores diferentes corria para a porta mais próxima da sala de meditação. (Não era permitido que os gatos entrassem no mosteiro.) Esse gatinho, muito solene, permanecia absolutamente imóvel do lado de fora da porta, durante todo o tempo que durava a longa meditação. Isso acontecia dia após dia e parecia muito estranho em se tratando de um gatinho novo, que se esperaria fosse ativo e brincalhão. Não podíamos deixar de imaginar se o gatinho não seria o nosso amigo Chuck. O bichano, com efeito, parecia muito atento todas as vezes que falávamos com ele, e respondia ao nome que lhe demos — Chuckee.

Homem muito iluminado, depois da sua morte, Chuck teria chegado à conclusão de que não devia perder tempo encarnando num corpo humano e tendo de despender todo o esforço necessário para crescer. Talvez tenha voltado num corpo de gato para aprimorar algum aspecto da fisicalidade antes de seguir para a fase seguinte do seu desenvolvimento. Talvez se passe muito tempo antes que eu venha a conhecer toda a história, mas é possível que tenhamos outras vidas que não sejam a humana.

Compreender a filosofia da reencarnação nos ajuda a entender nossas vidas passadas. Quando podemos ver nossas vidas passadas no contexto mais amplo da reencarnação e do karma, as muitas peças do quebra-cabeça da razão por que estamos aqui na Terra, neste momento da história, e qual é o nosso propósito, começarão a se encaixar.

3

A terapia das vidas passadas

Você não precisa acreditar em reencarnação para que a terapia das vidas passadas seja benéfica em sua vida; ela funciona quer você acredite, quer não. Vários clientes meus não acreditavam em reencarnação mas, não obstante, se beneficiaram muito com a terapia. Embora eu tenha tido clientes que pesquisaram a informação, obtida na regressão, acerca da vida passada e chegaram à conclusão de que as vidas que "viram" tinham de fato acontecido, tentar provar que as imagens que povoam a mente de uma pessoa são lembranças reais não é tão importante quanto os resultados. Quando a vida de alguém muda em decorrência dessas imagens mentais, terá ocorrido uma cura verdadeira. Ainda que as imagens que chegam à superfície sejam simples símbolos da mente subconsciente, merecem ser ouvidas. São expressões legítimas do nosso ser interior e podem melhorar a qualidade da nossa vida.

A terapia das vidas passadas pode dar respostas que nem a medicina nem a terapia tradicionais proporcionam. Está claro que muitas razões contribuem para os nossos problemas. Não há nada mais fácil do que imputar ao nosso comportamento numa vida anterior a culpa dos nossos problemas atuais. Contudo, o exame de vidas passadas revelou-se incrivelmente produtivo em muitos casos em que a introspecção comum das circunstâncias da vida presente não produziu mudanças. Podemos compreender melhor o nosso lugar e a nossa missão no presente se soubermos o que fomos em vidas anteriores. A vida não é uma página virada; não é uma série de experiências sem sentido enfileiradas. O exame das vidas passadas pode favorecer o processo de emersão como um ser consciente e amoroso, que compreende aos poucos todo o seu potencial.

❖

A saúde

O exame das vidas passadas durante a terapia pode afetar positivamente todos os aspectos da vida. Eu descobri que, no meu caso, os problemas de saúde, em particular, respondem geralmente bem a esse tipo de terapia.

Karen foi uma cliente que me procurou porque supôs que estava negando a si mesma a chance de estabelecer um relacionamento afetivo duradouro; ela também achava que precisava emagrecer, se bem não exista necessariamente ligação entre seu peso e o relacionamento, Karen entendia que, no seu caso, a ligação existia. Era uma jovem senhora de seus trinta e poucos anos, bem vestida, que pesava catorze quilos acima do peso ideal, e achava que o seu tamanho contribuía para impedi-la de manter um relacionamento longo e satisfatório.

Em sua terapia de vidas passadas lembrou-se, com nitidez, de ter vivido como prostituta na Inglaterra do século XVIII. Lembrou-se do frio cortante das ruas de Londres, dos encontros frenéticos ocasionais com um freguês e dos longos dias de fome. Fora muito infeliz naquela vida. Em sua regressão reviveu a dor de ganhar a vida com uma profissão que, no seu entender, a aviltava. E o que é mais importante, durante a regressão, entrou em contato com uma crença de que se imbuíra na época; ela acreditava no seguinte: "Se eu for atraente, os homens me desejarão pelo meu corpo e eu me sentirei desprezível e degradada." Entrou na vida atual acompanhada dessa crença embutida em sua "matriz bioenergética". Cada um de nós tem o que chamo de matriz bioenergética, ou seja, um campo de energia formado por todos os diferentes aspectos dos campos de energia da pessoa, aspectos esses que incluem o corpo emocional, o corpo etérico e o sistema bioelétrico (que é o sistema de meridianos com que trabalha a acupuntura). Crenças, decisões e juízos não estão alojados no cérebro. Creio que se alojem realmente no corpo físico e na miríade de campos de energia que se acumulam sobre o corpo. Chamo ao conjunto desses campos de energia "matriz bioenergética".

Em sua regressão, Karen descobriu que, embora conscientemente desejasse sentir-se atraente e aspirasse a um relacionamento, subconscientemente tinha medo de que, se se sentisse atraente, os homens seriam atraídos por ela e ela voltaria a degradar-se. Essa crença central lhe controlara a vida desde menina. Todas as vezes que atraía um homem sentia-se subconscientemente temerosa e sabotava toda e qualquer esperança de um relacionamento.

Durante a regressão, ela pôde se livrar dessa antiga crença e, em decorrência disso, sua vida mudou inteiramente. Adotou uma nova crença a respeito de si mesma que dizia: "Posso sentir-me e ser atraente. As pessoas são atraídas para mim pelo que sou. Eu sou uma pessoa especial." Quase imediatamente, começou a perder os catorze quilos de excesso de peso mas, o que era ainda mais importante, passou a sentir-se bem consigo mesma. Karen está agora muito bem casada, é uma mulher atraente e assim se sente. (Ver Capítulo 6 para maiores informações sobre as técnicas de resolução de vidas passadas.)

Um jovem chamado John procurou-me para fazer uma regressão. Na época sofria de um problema físico que o atormentava há muitos anos: não conseguia transpirar — suas glândulas sudoríparas pareciam não querer funcionar. Tinha a pele seca e sentia-se muito incomodado com esse problema. Tomara um sem-número de remédios mas estes não surtiram efeito nenhum. John regrediu a uma época em que fora lacaio num palácio russo. Como lacaio, John era obrigado a ficar de pé, atento, horas a fio, enquanto se realizavam longuíssimos banquetes, para o caso de os convivas desejarem alguma coisa. No decorrer de um banquete importante, sentiu a bexiga muito cheia, mas sabia que não lhe seria permitido deixar o posto. Finalmente, perdeu o controle da bexiga e, ao mesmo tempo, deixou correndo o salão do banquete. Num acesso subseqüente de cólera, o amo o matou.

Na regressão, John descobriu uma crença subconsciente, segundo a qual cumpria-lhe reter as excreções do corpo para poder sobreviver. O corpo traduziu-lhe a idéia de tal maneira que ele deixou de transpirar. Tanto que descobriu a origem da sua dificuldade e a resolveu, as glândulas sudoríparas passaram a funcionar instantaneamente (durante a sessão). E continuam funcionando desde então.

❖

Os relacionamentos

A regressão a uma vida passada também pode ajudarnos a compreender os relacionamentos. Uma filha que se ressente de ouvir a mãe dizer-lhe o que fazer pode descobrir que, numa vida passada, os respectivos papéis estiveram invertidos: a filha atual era a mãe, e sua mãe, a filha. Pode ser que a filha atual nunca tenha superado o sentimento de que *ela* é que devia cuidar da outra, e não o contrário. Se se lembrar do motivo por que se sente assim com relação à mãe e o compreender, isso poderá ajudá-la a criar um relacionamento mais aceitável em que ela não esteja sendo governada por sua programação anterior.

Sue trabalhara sete anos no mesmo emprego. Quase todos os dias, durante os sete anos, ela se zangava com o patrão. Ele reparava em cada pormenor do trabalho dela e ela tinha a impressão de estar sendo sufocada. Em sua regressão, descobriu uma vida passada em que o patrão fora seu marido — o qual, aliás, não lhe dava atenção alguma. Pioneiros em Montana, na década de 1800, eles tinham vivido numa pequena cabana nas montanhas, a quilômetros de distância de qualquer outra habitação. Na vida de mulher de pioneiro, Sue se sentira muito só e anelava por companhia. O marido costumava deixar a cabana, às vezes por semanas a fio, para caçar e fazer explorações, e ela se queixava da falta de atenção do marido. Numa ocasião em que ele estava fora, Sue viu-se presa num desmoronamento, atrás da cabana, e morreu sufocada.

Quando Sue compreendeu que o patrão, em sua vida presente, estava tentando compensar o fato de não lhe ter dado atenção em sua vida pregressa ela o perdoou (enquanto passava pela regressão). E também fê-lo saber que não fora por culpa dele que ela morrera sufocada. Muito embora jamais aludisse, diante do patrão, à sua regressão, contou que, a partir desse dia, ele pareceu completamente mudado. Até os outros funcionários do escritório notaram-lhe a diferença. Dir-se-ia muito mais relaxado e à vontade com ela, e todo o mundo no escritório acabou desfrutando os benefícios da sua atitude mais descontraída.

❖

Prosperidade

Toda vez que Mark começava a progredir financeiramente, via o sucesso ir por água abaixo. Ele nunca foi totalmente capaz de viver com a família dentro do orçamento. Uma expressão comum de Mark era a seguinte: "Nós somos pobres, mas somos felizes." Quando regrediu para uma vida passada, viu que havia sido um abastado proprietário rural na Idade Média, cuja família fora seqüestrada e mantida como refém por um grupo de bandidos saqueadores. Sua jovem esposa (que acontecera de ser sua esposa nesta vida) nunca mais foi vista por ele naquela vida.

Ele a chamava de volta, noite após noite, desesperado, pelos cantos úmidos da sua mansão, culpando-se a si e à sua riqueza pela perda da mulher. Tendo trazido para a vida presente essa culpa subconsciente, entendia que, se tivesse muito dinheiro, lhe acabariam roubando a família. Tão forte era essa crença que, se algum dia chegasse a ganhar dinheiro, ver-se-ia provavelmente separado da família física e emocionalmente, a fim de corroborar a crença subconsciente. Depois que Mark reconheceu o padrão dessa crença ocorreu uma notável mudança financeira. Ele foi logo promovido e, visto que já não sabotava o próprio progresso, curiosamente, entrou para o mercado imobiliário. Graças a isso, conseguiu juntar uma esplêndida renda anual e tanto ele quanto a família vivem hoje muito bem.

Despertar talentos e capacidades

Uma área estimulante da regressão a vidas passadas é a ativação de talentos e capacidades de vidas anteriores para serem usados na vida presente. Rob participou de um dos meus seminários e regrediu a uma época em que tocava violino. Na semana seguinte comprou um violino e passou a tomar aulas desse instrumento. Contou que o professor ficara assombrado com a rapidez e a facilidade com que ele aprendia. Carolyn sempre desejara cantar, mas achava que não tinha uma voz muito boa — dizia que as pessoas costumavam caçoar dela por causa disso. Depois de haver recordado uma vida passada, em que fora excelente cantora, dizia parecer-lhe quase mágica a rapidez com que sua voz se aprimorara. Hoje em dia, canta num coro de sua cidade natal.

Em meus seminários realizo um processo de vida passada que serve exclusivamente para despertar talentos, capacidades e qualidades de vidas anteriores. Ao cabo de um desses processos, uma senhora chegou-se a mim e disse: "Não compreendo. Em minha experiência de vida passada fui um pastor. Eu não fazia outra coisa senão passar todos os dias nas colinas, sozinho, pastoreando ovelhas. Que talento ou capacidade há nisso?"

"Fale-me da sua vida presente", respondi-lhe.

E ela retrucou: "Bem, sempre estou muito ocupada porque tenho seis filhos."

Ela ativara uma vida em que sentira uma tremenda paz. Acredito que ela tenha sintonizado essa vida para poder trazer um pouco de paz à vida agitada dos dias atuais.

Desenvolvi uma técnica em meus seminários que parece ajudar a trazer à vida presente determinado talento ou capacidade.

Enquanto os participantes se encontram em um estado alterado de consciência, com os olhos fechados, recordando um talento que tinham numa vida passada, peço-lhes que se movimentem ou imprimam ao corpo uma posição como se estivessem exercendo esse talento. Por exemplo, quando Rob se lembrou de uma vida em que fora violinista, enquanto mantinha os olhos cerrados, pedi-lhe que se levantasse e movesse os braços e o corpo como se estivesse tocando violino. Dessa maneira, ele começou a compreender como se sente a pessoa que toca tal instrumento. Esse tipo de coisa ajuda o corpo a lembrar-se do modo com que se realiza a determinada atividade. A movimentação do corpo, enquanto a pessoa rememora a atividade exercida numa vida passada, ajuda realmente a "implantar" essa qualidade especial na vida presente do corpo físico.

Num dos meus seminários, quando dirigia o mesmo processo, vislumbrei um rapaz, num canto da sala, fazendo o que me pareceu serem exercícios abdominais. Presumi que ele devesse ter sido um ótimo atleta em outra vida, e estava fazendo abdominais para trazer ao presente as capacidades atléticas passadas. Durante o intervalo perguntei-lhe que talento de vida passada ele encontrara. Ele enrubeceu e abaixou a voz para dizer:

"Eu fui um grande amante!"

Só posso esperar que sua performance sexual tenha se aprimorado em conseqüência de sua estada no passado.

❖

O fim do medo da morte

Outro benefício da regressão a uma vida passada é a possibilidade de nos livrarmos do medo da morte, o que nos permitirá viver com muito mais plenitude e intensidade. Quando nos damos conta da verdade do fato de que somos infinitos e eternos e *nós* não morremos quando o nosso corpo morre, começamos a sentir uma paz profunda, que se difunde por todas as nossas atividades cotidianas. A idéia da morte pode ser assustadora ou extremamente triste para alguém que pensa que tudo se resume nesta vida.

Mitchell tinha AIDS. Como nunca tivera convicções religiosas muito firmes, a idéia da morte o aterrorizava. Ele achava que a existência cessava nesse ponto. Não acreditava na reencarnação, mas um amigo o persuadiu a me procurar. Em virtude da sua incerteza no tocante a vidas passadas, eu lhe disse que ele não precisava acreditar na reencarnação. Poderíamos iniciar um processo de vidas passadas e chamar às imagens que lhe aparecessem "dramas anímicos" em vez de vidas passadas. Acrescentei que as imagens que ele veria eram uma expressão válida de sua mente subconsciente e o fato de serem vidas passadas ou expressões simbólicas de sua psique não tinha importância — essas imagens íntimas deveriam ser ouvidas, fosse qual fosse a sua procedência. Ele achou aceitável esse ponto de vista. ("Dramas anímicos" era uma expressão criada por meu amigo Roger Woolger, excelente terapeuta de vidas passadas e que escreve sobre o assunto.)

Mitchell entrou, sem demora, num estado de relaxamento profundo. As imagens e sentimentos de outros tempos e de outros lugares lhe acudiram com muita facilidade. De repente, teve uma experiência espontânea, aparentemente não induzida por nada do que eu dissera. Confessou ter "visto" todos os corpos que já habitara em suas outras existências caminhando na sua direção, como se fosse uma grande reunião de amigos. Alguns eram do sexo masculino, outros do feminino. Muitas raças diferentes ali estavam representadas. Enquanto ele estava no centro do ajuntamento, um por um dos "eus" passados se adiantou e mostrou-lhe o que ele ganhara em cada vida. Por fim, o corpo que se parecia exatamente com o seu corpo atual aproximou-se e declarou: "Cada vida lhe faculta uma compreensão maior e mais profunda de quem é você na totalidade. Cada vida é especial, importante e valiosa. O corpo e a vida que você habita atualmente lhe permitem desenvolver sua capacidade de receber amor. Você está aprendendo bem a lição e, logo, logo, estará voltando para casa." Nesse ponto, Mitchell desatou a soluçar. Como se uma represa de incertezas, temores e padecimentos transbordasse enquanto ele chorava. Quando parou de soluçar, sorriu e disse:

"Nunca tive um sentimento tão profundo de paz. Estou pronto para partir quando chegar a minha hora."

Ele morreu algumas semanas depois, mas contaram-me que as poucas semanas que lhe restaram de vida foram repletas de uma graça e de uma paz profundas.

❖

Por que a terapia de vidas passadas funciona

É importante compreender por que o uso da regressão a vidas passadas é tão eficaz em conjunto com a terapia. A terapia de vidas passadas funciona porque nos faz chegar à origem dos nossos problemas pois até esse momento você terá tratado muito mais com sintomas do que com causas. Muitos de nossos medos, compulsões e fobias estão enraizados no passado distante. Por exemplo, se você sempre detestou usar qualquer coisa amarrada ao pescoço, poderá descobrir uma vida em que morreu estrangulado. Reconhecendo e experimentando as lembranças passadas e as emoções a elas associadas, o comportamento na vida presente não raro se modifica.

Criamos e recriamos para nós mesmos, nos dias de hoje, incidentes que lembram subconscientemente o incidente original, como forma de curar a dor original. Se emoções como o medo, a raiva e a dor tiverem sido reprimidas durante acontecimentos traumáticos numa vida pregressa, as mesmas emoções reprimidas podem ficar encerradas em nosso campo de energia e formar conflitos interiores, que se eternizam, existência após existência. Continuamos a empurrar esses sentimentos não desejados do passado cada vez mais para o fundo da nossa psique, construindo uma barreira mais e mais elevada entre nós e o que quer que tenhamos medo de sentir. Quando revivemos um incidente de vida passada, as emoções e decisões reprimidas por tanto tempo têm chance de vir à superfície e soltar-se, de modo que deixam de controlar-nos.

Compreender por que funciona a terapia de vidas passadas é importante para compreender que não são necessariamente o trauma e as emoções vividos em vidas passadas os criadores de problemas na nossa vida presente. São o trauma e as emoções *reprimidos* no passado que criam problemas no presente. As experiências de nossas vidas passadas não criam necessariamente problemas que persistem ao longo do tempo — suas *reações* às experiências e suas emoções bloqueadas são as responsáveis pela devastação. Por exemplo, o simples fato de ter rolado por um despenhadeiro abaixo numa vida passada não cria necessariamente um bloqueio na vida presente, mas o fato de rolar por um despenhadeiro abaixo sentindo, ao mesmo tempo, uma terrível angústia, pode criá-lo.

Joshua rememorou uma vida passada em que fora um

jovem na Europa medieval. Lembrava-se de ter dito aos amigos nos quais confiava naquele tempo que, ao contrário da crença então aceita, achava que o rei não descendia diretamente de Deus. Enfurecidos, os amigos saíram correndo atrás dele fazendo-o cair num despenhadeiro. Enquanto caía, seus sentimentos se agitavam num turbilhão. Amava os amigos, mas os seus sentimentos de afeto conflitavam com o medo que lhe infundiam enquanto corriam atrás dele. Ao cair, tomou a decisão de nunca mais revelar sinceramente o que sentia.

Em sua vida presente, Joshua sempre tivera medo de dizer o que pensava. Na verdade, muitas vezes, quando começava a dizer o que pensava, tropeçava e caía. Joshua fazia uma associação subconsciente entre dizer o que estava pensando e cair. Não era o trauma físico de ter caído numa vida passada que lhe causava os bloqueios atuais. As emoções, os sentimentos e as decisões reprimidas, da época em que caíra na Idade Média, criaram os problemas presentes. Joshua pôde mudar o padrão que mantivera ao longo da vida usando as técnicas de resolução da vida passada indicadas no Capítulo 6, e confessa que agora se sente muito confiante em sua existência atual. E pode comunicar o que realmente sente sem medo nenhum.

Imagine duas situações parecidas. Na primeira seqüência de acontecimentos, um jovem guerreiro asteca luta ao lado do seu melhor amigo. A poeira agita-se violentamente. Voam dardos de todos os lados do valente guerreiro. De repente, na névoa da batalha, uma lança aparece, vibrada diretamente contra o peito do amigo. O jovem guerreiro dá um passo à frente, coloca-se destemido, na direção da lança e salva, desse modo, bravamente, a vida do amigo. Ao morrer, mortalmente ferido pela lança em seu peito, sente uma paz profunda por haver salvo a vida do amigo.

Na segunda seqüência, dois jovens guerreiros combatem lado a lado. São amigos íntimos. De um instante para outro, no calor da batalha obscurecidos pela névoa e pela poeira espessas, um se volta contra o outro e lhe enfia um dardo no peito. Enquanto jaz moribundo o guerreiro no campo de batalha, fica sabendo que o seu melhor amigo está tendo um caso com sua mulher e o quer fora do caminho. Ele morre tomando a decisão de nunca mais confiar realmente em quem quer que seja.

Nas duas seqüências de acontecimentos o trauma físico é o mesmo. A morte é causada por um dardo enterrado no peito. Na primeira seqüência, todavia, o guerreiro asteca se sente feliz por haver salvo a vida do amigo. Na segunda seqüência, entretanto, ele chega à conclusão de que não é seguro confiar em alguém, seja lá quem for. Daí por diante, todas as vezes que ele começa a se aproximar de uma pessoa, lembranças e decisões semelhantes vem à tona. Todas as vezes em que principia a confiar em alguém, sente dores agudas no peito, associadas ao medo de ser traído. Para ele, o fato de aproximar-se de uma pessoa lhe provoca uma resposta emocional e física oriunda de uma vida passada.

❖

O papel do subconsciente e a terapia de vidas passadas

"Você é o que você pensa." Isso não se refere simplesmente ao que você *sabe* que pensa. Refere-se também ao que você *não sabe que pensa.* Por exemplo, você pode não ter consciência de que no mais profundo de seu subconsciente habitam medos e a crença de que é indigno e não merece ter êxito na vida. Esses medos e crenças dão origem a bloqueios internos ao seu desempenho e criam frustração na vida. Há uma boa razão para que isso seja assim, relacionada com o fato de que sua mente subconsciente exerce um controle sobre sua vida muito maior do que você imagina. Ela dirige literalmente a sua realidade. Imagine um avião que voa diretamente para a encosta de uma montanha no meio da neblina. A torre de controle (ou seja, a mente consciente), pode estar gritando: "Volte! Volte!" Mas se a mente subconsciente (o piloto) não receber a mensagem, o avião se espatifará na montanha.

As pessoas muitas vezes se perguntam por que o subconsciente aceita sempre a programação autodestrutiva em primeiro lugar. Afinal de contas, não desejamos sempre o que há de melhor para nós mesmos? Não desejamos todos, realmente, ser ricos, felizes e bem-sucedidos? As respostas a essas perguntas encontramo-las na natureza da mente subconsciente. Conquanto sua mente consciente tenha a capacidade de raciocinar e decidir o que será melhor para você, não pode implementar decisão alguma se não tiver a anuência da mente subconsciente. Um alcoólatra pode desejar conscientemente renunciar à bebida, mas continuará bebendo a despeito do desejo desesperado de sua mente consciente de abster-se dela.

Nosso subconsciente age do modo como foi programado, de um jeito muito parecido com o da programação de um computador.

A mãe de uma menina pequena, por exemplo, poderá dizer à filha: "Você é tão desajeitada! Não tem ritmo. Nunca vai aprender a dançar!"

As faculdades críticas da menina não estarão tão desenvolvidas que possam rejeitar essa programação negativa, de sorte que ela crescerá desajeitada, sem noção de ritmo, porque o subconsciente terá aceito a idéia da falta de jeito. Em outras palavras, a falta de jeito foi programada no subconsciente como se fosse um computador. A idéia torna-se, então, parte integrante da opinião da criança sobre si mesma. Adulta, ela poderá raciocinar que não precisa ser desajeitada e, se praticar o suficiente, será até capaz de dançar. Entretanto, se o consciente propuser uma crença diferente da programação feita pelo subconsciente, este predominará.

A mente subconsciente também funciona em favor da nossa sobrevivência. Se você, por exemplo, aos quatro anos de idade, foi mordido por um cão que ladrava, sua mente subconsciente provavelmente programou o medo de cães que ladram no seu computador mental. Na idade adulta, se você por acaso se deparar com um cão que ladra (nem que seja o menor dos cachorrinhos, preso a uma pesada corrente) o mais provável é que você se sinta momentaneamente amedrontado, pois o medo dos cães que ladram fora pré-programado em sua mente subconsciente para protegê-lo — para assegurar-lhe a sobrevivência. Sua mente consciente pode saber que você está seguro, mas a programação está tão arraigada no subconsciente que você reage com medo.

O seu subconsciente não só aceita a programação feita na infância, como também aceita a programação levada a cabo em vidas passadas. Por exemplo, tive uma cliente que sentia verdadeiro pavor de abelhas e bastava-lhe ver uma delas para ficar quase paralisada. Numa vida anterior ela morrera picada por abelhas, de modo que, desejosa de assegurar-lhe a sobrevivência, sua mente subconsciente tomara a decisão de manter-se afastada de abelhas. Ainda que a mente consciente lhe dissesse: "É uma simples abelhinha. Você é maior e muito mais forte do que ela", o subconsciente tinha a precedência.

A mente subconsciente é tão poderosa que as crenças da primeira infância e de vidas passadas "grudam" no nosso campo de energia. Essas crenças subconscientes amalgamam-se e tomam forma no mundo manifesto. O que significa que todo o nosso mundo é criado ou manifestado pelas crenças a respeito de nós mesmos e da vida *entranhadas* em nosso subconsciente. Por exemplo, se você tiver a crença de que todos os seus relacionamentos amorosos acabarão não dando certo — você continuará criando relacionamentos malsucedidos — muito embora deseje conscientemente estabelecer um relacionamento duradouro. A terapia de vidas passadas funciona por meio de técnicas específicas que chegam ao fundo do subconsciente e reprogramam literalmente velhas crenças e decisões que estão influindo em todos os aspectos da vida. (Veja no Capítulo 6 as técnicas de resolução de vidas passadas.)

❖

Não existem vítimas — apenas voluntários

É importante lembrar que ao estabelecer contato com uma vida passada (através dos sonhos ou durante o período de vigília) não há vítimas — apenas voluntários. Toda e qualquer experiência que você pode ter tido era necessária ao seu crescimento e para que você pudesse chegar ao ponto a que chegou agora. Por mais incômodo que isso venha a soar, todas as mentiras que você já disse e todas as más ações que já praticou ou que foram praticadas contra você eram necessárias ao seu próprio aprendizado. Lembre-se disso se você, algum dia, relembrar uma vida passada em que fez o papel de vítima ou de tirano.

Imagino a seqüência de acontecimentos da vítima/voluntário desenrolando-se mais ou menos da seguinte maneira. Você está perambulando pelo mundo dos espíritos. Já examinou suas vidas passadas e chegou à conclusão de que na sua próxima encarnação seria útil à sua evolução como ser humano aprender a ter um pouco de humildade. Você se põe a interpelar os espíritos que passam:

"Olá", diz-lhes, "estou prestes a encarnar. Por que você não encarna também e não me ensina um pouco de humildade?"

Todos os espíritos fogem de você, dizendo: "De jeito nenhum. Não vou atrasar minha evolução kármica ensinando-lhe humildade."

Finalmente, arrastando os pés desde os Portões de Pérolas, apareceu Harry, um velho conhecido. Harry é uma pessoa com a qual você partilhou existência após existência — alguém que você ama profundamente num nível anímico.

"Olá, Harry. Preciso realmente aprender humildade. Que tal lhe parece?"

Harry dá de ombros, passa afetuosamente o braço em torno dos seus ombros e concorda.

As pessoas que mais o fizeram sofrer são os mesmos que o amam mais profundamente num nível anímico. Em seu trabalho de regressão tenho descoberto, muitas e muitas vezes, que, depois de superarmos a dor, a raiva e a amargura que sentimos em relação aos que nos causaram sofrimento, há, quase sempre, um enorme poço de amor.

❖

O perdão às circunstâncias de uma vida passada

Uma das coisas mais poderosas que se podem ganhar com a terapia de vidas passadas é o perdão. Muitas vezes, para podermos curar, precisamos estar dispostos a perdoar o passado. É muito mais fácil perdoar os que o feriram na vida presente, quando você compreende o karma da vida passada que deu origem à situação. Ao viajar para a origem e a condição do seu mal, que freqüentemente se encontra numa vida passada, e você se perdoa e perdoa os outros, uma energia de amor tece o seu caminho através do tempo e do espaço, rumo à sua vida presente. Não é preciso dizer que é importante perdoar os que possam ter-nos ferido ou rejeitado numa vida passada; entretanto, não é menos importante perdoar a nós mesmos pelas coisas que podemos ter feito aos outros. (Se tivermos dificuldade para liberar e perdoar, precisamos perdoar-nos por não perdoar.)

Muitas vezes, quando alguém regride a uma vida passada, alcança um espaço para além do perdão — um espaço em que compreende que tudo o que já lhe aconteceu na vida era absolutamente necessário ao seu crescimento e desenvolvimento. Com efeito, sem essas experiências, ele não seria o que é hoje. O plano para além do perdão é a aceitação — aceitação total e incondicional sem juízos sobre si nem sobre quem quer que seja. Este se me afigura um dos aspectos mais benéficos da terapia de vidas passadas.

Perguntam-me com freqüência se minhas explorações de vidas passadas me fizeram descobrir por que fui tão brutalmente atacada. Sim, descobri algumas respostas satisfatórias. O fato de usar a terapia de vidas passadas para compreender minha ligação kármica com o homem que me alvejou ajudou-me a perdoá-lo. Partilhei com ele uma vida na China. Todas as pessoas em nossa aldeola moravam em casas construídas a alguma distância do solo. Os aldeões despejavam seus dejetos por buracos feitos no chão das casas, em recipientes colocados debaixo delas. Esse sujeito era o que se costuma chamar um "intocável", ou seja, alguém sem nenhuma posição social na comunidade. Toda manhã, um homem (o mesmo que atirou em mim) vinha limpar os dejetos de cada casa. Embora o meu extremo desdém por ele naquela vida fosse coisa de somenos para mim, era importante para ele. Exatamente como nesta vida o fato de atirar em mim não significasse nada para ele (acreditava-se que já tivesse matado mais pessoas), isso significava muito para mim. Tínhamos uma pequena porém forte ligação kármica. Eu nunca vira o homem antes de ter sido alvejada e apenas o vi uma vez (durante o processo no tribunal) depois que ele me feriu. Quando me dei conta da minha ligação com esse homem numa vida passada, compreendi por que meu último pensamento antes de ser ferida foi: "Ele está mirando baixo demais!" Eu tinha o desejo subconsciente de equilibrar o karma por havê-lo tratado de maneira tão cruel na vida passada. (Se tivesse atirado um pouco mais alto, ela teria me matado.) Através da descoberta da minha ligação passada com esse homem foi-me possível perdoá-lo e aceitar o que acontecera, não carregando, assim, nenhum ressentimento que pudesse ter transferido para os meus relacionamentos do presente.

Alguns dos comentários mais gratificantes que recebi depois dos seminários sobre vidas passadas relacionam-se com o perdão dispensado às circunstâncias da vida presente e da vida passada. Na Austrália, dirigi um processo de vida passada durante um seminário levado a efeito num hotel de japoneses chamado Nikko Hotel. Recebi uma carta interessante de alguém que participou do seminário, dizendo que, ao entrar no hotel, foi salteada por uma forte onda de ressentimento e pânico. Pensou: "Não posso participar desse seminário neste hotel", e quase virou as costas para fugir.

Na sua vida atual, ela fora aprisionada, na Indonésia, pelos japoneses no transcorrer da II Guerra Mundial, quando tinha dezessete anos. Revelou em sua carta que "sofrera tanto física quanto mentalmente mercê da brutalidade deles, no resto da guerra. Sobrevivi, mas meus intestinos foram afetados em virtude de uma disenteria não tratada. Gravemente subnutrida, acabei alimentando um ódio profundo a tudo o que se referisse aos japoneses. Isso continuou desde esse tempo. Procurei tratar-me com muitos médicos e psicólogos no correr dos últimos cinqüenta anos, mas tive de viver com uma fraqueza crônica dos intestinos e uma dor profunda e constante no plexo solar." Acrescentou que havia chegado a ver a dor como a dor (que ela sentia na alma) por todos os seres maltratados do mundo. E continuou: "Todas as vezes que vejo um caso de brutalidade ou desumanidade, ou leio a respeito dele — sobretudo quando se trata de crianças — a dor se torna praticamente insuportável."

Acrescentou a minha correspondente que, depois de haver regredido a uma vida passada, durante o seminário, foi-lhe possível ver a origem do ressentimento da vida presente (ela não se referiu ao que ela foi na vida passada) e, em resultado de haver perdoado as circunstâncias da vida passada, a dor que suportara durante cinqüenta anos se dissipara completamente. "A velha dor desaparecera e hoje continuo livre dela. Ao deixar o hotel, dirigi uma saudação cordial aos funcionários japoneses." Ela disse haver passado algum tempo conversando com alguns deles e os achara uma gente agradável e amável. "Senti-me livre! Livre da dor! Livre de toda a animosidade e de todo o ressentimento! Real e gloriosamente livre e aliviada!"

Outro participante do seminário, Gerald, tinha uma relação problemática com o irmão na vida atual. Enquanto eles cresciam, a mãe vivia preocupada com a idéia de que os dois irmãos um dia viessem a se matar, tamanha era a ferocidade com que eles brigavam. A animosidade continuara na vida adulta e estava causando grande alvoroço na família inteira. De mais a mais, Gerald era de opinião que o seu ódio pelo irmão lhe absorvia uma quantidade tão grande de energia vital que o impedia de alcançar o sucesso que ambicionava na vida.

Gerald voltou para uma vida na Escandinávia do século XVI, onde ele e o irmão dos dias atuais tinham disputado o amor da mesma mulher. Lembrava-se de que, numa noite fria e nevoenta, eles haviam lutado por causa dessa mulher, mas nenhum lhe conquistara a mão porque os dois tinham morrido em conseqüência dos ferimentos. Em sua vida presente ele estava recriando uma situação semelhante. Quando realmente perdoou o rival em sua regressão à vida passada, confessou sentir-se como se um peso enorme tivesse sido retirado de cima de seus ombros. Parecia-lhe um milagre, confidenciou-me, porque ao tornar a ver o irmão só sentiu amor e compaixão por ele. Pela primeira vez na vida de ambos, sentaram-se ao lado um do outro e partilharam verdadeiramente da efusão dos seus corações. Gerald confessou que aquele era um momento decisivo em sua vida e ele agora começava a ter êxito em sua carreira assim como a curar-se dos ferimentos que sofrera a vida toda.

❖

"Não conhecemos a história toda"

Para ajudá-lo a entender e a perdoar o que você fez a outras pessoas em vidas passadas e o que os outros lhe fizeram, eu gostaria de contar-lhe uma história. Conto-a freqüentemente em meus seminários. Dizem alguns que se trata de uma velha história sufi, ao passo que outros costumam atribuí-la aos hindus. Aqui está a minha versão.

Muito tempo atrás, um velho vivia numa aldeia. Ele possuía um cavalo belíssimo. Todas as pessoas das outras aldeias da região já tinham ouvido falar no cavalo. Era um animal magnífico, de ancas largas e brilhantes, cujos músculos ondulavam, lustrosa e gloriosamente, todas as vezes que ele se movia.

O Grande Chefe ouviu falar do cavalo e mandou um mensageiro perguntar ao velho se poderia comprá-lo. O mensageiro disparou para a cabana do velho e apeou do seu cavalo. Onde os seus mocassins pousaram, a poeira turbilhonou em todas as direções.

"Senhor", explicou ele, "estou aqui em nome do Grande Chefe, que envia suas saudações e manda perguntar se pode comprar o seu cavalo."

O velho permaneceu em silêncio. Era um homem de suave dignidade e maneiras tranqüilas. Finalmente, respondeu: "Transmita, por favor, os meus respeitos ao Grande Chefe, e faça-me o obséquio de agradecer-lhe a generosa oferta de comprar o meu cavalo. Entretanto, esse cavalo é meu amigo. Somos companheiros. Conheço-lhe a alma e acho que ele conhece a minha. Não posso vender o meu amigo."

O mensageiro retirou-se.

Duas semanas depois o cavalo do velho homem desapareceu.

Quando os aldeões ficaram sabendo que o cavalo sumira, todos se reuniram em torno do velho.

"Oh, velho, esta foi uma sorte muito madrasta! Você poderia ter vendido o cavalo ao Grande Chefe. Agora ficou sem o cavalo e sem o dinheiro do cavalo. Que azar!"

O velho fitou em cada aldeão um olhar bondoso e manso e respondeu:

"Isso não é azar. Isso não é sorte. Não conhecemos a história toda. Digam simplesmente que o meu cavalo fugiu."

Os aldeões se foram, balançando a cabeça, porque sabiam que aquilo fora um baita azar.

Um mês depois o cavalo do velho voltou, seguido de vinte outros magníficos cavalos. Cada um deles era vigoroso, e cheio de vitalidade e exuberância. Os aldeões correram para o lado do velho. E lhe disseram: "Oh, velho — você tinha razão — não foi nenhum azar que o seu cavalo tivesse fugido. Foi pura sorte. Agora você não somente tem o cavalo de volta, mas também tem mais vinte belíssimos cavalos. Isso, sim, é que é sorte!"

O velho abanou a cabeça lentamente e, com a máxima compaixão, disse: "Isso não é sorte. Isso não é azar. Não conhecemos a história toda. Digam apenas que o cavalo voltou."

As pessoas se afastaram sacudindo a cabeça. Sabiam que era muita sorte possuir tantos cavalos bonitos.

O velho tinha um filho que se dispôs a domar os cavalos. Toda manhã o jovem acordava cedo para continuar o trabalho. Certa manhã, o velho veio apreciar o que o filho estava fazendo. O rapaz tinha uma graça natural para saltar sobre o dorso de um cavalo redomão. O animal pinoteou violentamente para a esquerda e girou para a direita. De repente, desferindo um coice feroz com as patas traseiras, o cavalo pinchou para o alto o filho do velho, o qual, dali a pouco, jazia no chão feito um amontoado de carne, com as duas pernas quebradas.

Todos os habitantes da aldeia se reuniram com grandes lamentações e comiserações.

"Oh não! Oh não! Velho, você tem razão. A volta do cavalo para você foi um tremendo azar. Agora o seu único filho quebrou as duas pernas e está aleijado. Quem tomará conta de você em sua velhice? Isso foi, com efeito, um terrível azar!"

Ergueu-se o velho em pé e respondeu, respeitoso:

"Isso não é azar. Isso não é sorte. Digam apenas que meu filho quebrou as pernas. Não conhecemos a história toda."

Os aldeões afastaram-se, balançando a cabeça. Sabiam que era um tremendo azar para o velho.

Estourou uma grande guerra de um lado a outro da região e o Grande Chefe convocou todos os jovens da aldeia para a batalha. Era uma guerra terrível e os aldeões sabiam que nunca mais tornariam a ver os filhos. Mais uma vez se juntaram eles ao redor do velho.

"Velho, você tem razão. Não foi azar o seu filho ter quebrado as pernas porque, ainda que ele esteja aleijado, pelo menos você o tem por perto. E nós nunca mais veremos nossos filhos. Foi uma bruta sorte para você."

E mais uma vez o velho repetiu: "Não foi sorte nem azar. Não conhecemos a história toda."

Quando você explorar suas vidas passadas, momentos haverá em que se sentirá como vítima e momentos haverá em que se porá na pele do algoz. Procure ver além do certo e do errado. Procure ir além dos juízos. Conscientize-se de que quem e o que você foi e o que viveu no passado não foi azar... Tampouco foi sorte. Pode ser que você não tenha conhecido sempre a história toda.

Cada experiência por que você passou algum dia, *tudo* o que lhe foi feito e *tudo* o que você fez aos outros tem sido extremamente importante para a sua evolução. Até as mentiras que disse e os momentos em que foi cruel ou injusto foram importantes. Até as coisas que você ocultou, por vergonha, em sua alma ajudaram-no a ser o que é. Todas as suas experiências o estão auxiliando a ser compassivo, íntegro e afetuoso. Na medida em que pode perdoar-se e aceitar-se exatamente como é, você se torna uma força mais poderosa para curar neste planeta. Lembre-se: "Não é sorte. Não é azar. Pode ser que você não conheça a história toda." Cada experiência que já teve algum dia permitiu-lhe crescer e se tornar um ser magnífico.

❖

A liberação da culpa

Em meados dos anos setenta fiz uma viagem à Itália. Certa manhã, levantei-me cedo para caminhar até uma colina, de onde poderia ver o sol nascer. Quando os primeiros raios de luz surgiram acima do horizonte, senti-me esmagada por uma tristeza profunda. Aos olhos da minha mente, quando passei a vista pelo vale, eu não estava enxergando uma cena do século XX, senão de outro tempo. "Vi" resquícios de fumaça de inúmeras fogueirazinhas de acampamento erguendo-se e misturando-se às névoas da manhã. "Vi" que ninguém se levantara ainda. Enquanto estive na colina "soube" que já estivera lá. "Soube" que eu era o comandante romano de um grande exército — um exército que estivera guerreando por longo tempo.

Adormecidos ao pé da fogueira não havia somente homens no vale que se estendia abaixo de mim, mas também mulheres e até crianças. Senti ondas após ondas de uma tristeza imensa inundar-me. Eu sabia que aquela seria a nossa última batalha. Abominando a idéia de render-me, tomei a decisão de travar nossa derradeira batalha naquele dia. Sabia que teria de falar à tropa com a convicção da vitória. Mas também sabia que aquele era o dia da nossa morte. Sabia que seríamos exterminados sem misericórdia. Mas a alternativa era a prisão, a morte à míngua ou a escravidão para o meu povo. Eu amava o meu povo. Pode ser que, se eu tivesse sido um chefe melhor, não estivéssemos enfrentando a morte. Essas questões estavam sendo sobrepostas à minha consciência atual naquele alvorecer.

Vinte anos depois, o incidente na Itália foi apenas um pequeno fragmento de lembrança. Eu estava dirigindo um seminário sobre reencarnação na Nova Zelândia. Uma das organizadoras trouxera consigo o filho mais jovem para ajudá-la, e ele resolveu participar de um processo de vidas passadas. Durante o intervalo, ele aproximou-se de mim e perguntou com mansa tristeza: "Denise, você se lembra de quando éramos romanos? Lembra-se de quando estávamos na encosta de uma colina olhando para a fumaça que subia das fogueiras do acampamento, acesas na véspera?"

Um ano depois, alguém que nunca tinha ouvido falar da minha experiência naquela encosta, perguntou-me: "Denise, você se lembra de quando estivemos juntos na Itália como soldados romanos? Você era o comandante. Combati ao seu lado na última batalha. Foi magnífico. Todos nós lutamos bravamente. Essa foi uma das experiências mais marcantes de todas as minhas vidas."

Fiquei pasmada! Ele não somente se lembrava da mesma vida, mas também afirmava que exultara com a experiência. Essa foi uma extraordinária lição para mim: "Nem sempre conheço a história toda." Eu me sentira tão culpada por haver contribuído para a morte de tantas pessoas! Castigara-me vivência após vivência. Sentia-me responsável pelas experiências dos outros e chegara até a pressupor o que eram essas experiências. Pude ver que eu já não precisava carregar a culpa comigo — em verdade, sentir-me culpada era muita pretensão de minha parte.

Cada um de nós cria a experiência que é valiosa para si e para o seu crescimento. Eu não precisava continuar carregando a culpa de todas as outras pessoas. Nós *todos* criamos conjuntamente a experiência daquela última batalha. Isso pode parecer uma bizantinice da minha parte mas, para mim, na minha vida, representou uma grande diferença. Até então eu me sentira culpada praticamente por tudo. Até por coisas sobre as quais eu não tinha controle. Se você me procurasse e me contasse que havia amassado o carro num poste, o mais provável é que eu me sentisse culpada. Começar a me livrar da culpa foi tão libertador!

Quando temos um sonho que nos perturba ou lembramos uma vida passada que nos desagrada é comum nos sentirmos culpados pela experiência. É importante não esquecer que nunca existe uma boa razão para nos culparmos em nenhuma experiência com que deparamos num sonho ou em vidas passadas. Procure não censurar os seus próprios atos.

A culpa consiste basicamente em não assumirmos responsabilidade pelos nossos atos. A culpa é um jeito de dizer: "Na realidade não fiz isso. Na realidade não foi culpa minha." É importante que reconheçamos todos os nossos atos, sem julgá-los. Se você magoou alguém, desculpe-se. Se procedeu de maneira imprópria, mude sua maneira de agir. Mas não subestime a situação, a outra pessoa ou você mesmo sentindo-se culpado.

A culpa é sempre destrutiva e, às vezes, pretensiosa. Perdoe você mesmo o seu passado. Se você se considera culpado e sustenta que a origem da culpa reside no passado, é sinal de que você não está olhando para dentro. Olhar para dentro é saber que tudo o que já viveu foi necessário ao seu crescimento e compreensão. Foi necessário para que você viesse a ser o que é hoje. Até os pensamentos e ações de que talvez se envergonhe contribuíram para que você fosse o que é. Por mais incômodas que sejam essas lembranças, é importante observá-las e liberá-las. Perdoe a si mesmo. Qualquer resquício de culpa a que ainda se apegue pode criar barreiras para você. Isso é freqüentemente retomado e liberado em seus sonhos (ver p. 164).

Toda vez que a dor da culpa o dominar, lembre-se disso. Se ceder a essa dor, em vez de perdoar-se, você estará perturbando a sua paz interior. Portanto, diga a si mesmo com delicadeza, porém com convicção: "Aceito o que sou e o que fiz, assim como o que os outros me fizeram. Eu me aceito e me perdôo."

Uma técnica eficaz consiste em anotar todos os seus sentimentos de culpa. Depois que os tiver posto no papel, queime-os, dizendo: "Livro-me agora e para sempre de todos os meus apegos a essa culpa. Assim seja." Isso talvez comece a ajudá-lo a se livrar da culpa.

A terapia de vidas passadas pode ser um dos meios mais rápidos de eliminar a culpa, perdoar o passado e resolver os problemas do presente. O Capítulo 4 apresenta vários métodos de rememorar vidas passadas.

4

Como recordar uma vida passada

Existem várias técnicas que você pode usar sozinho ou com um terapeuta, para investigar vidas passadas. Neste capítulo apresentarei técnicas específicas para você aplicar a si mesmo, incluindo exercícios preparatórios assim como métodos de regressão total. Eu também faço comentários acerca do trabalho com um terapeuta ou em grupo para relembrar vidas passadas. Começarei descrevendo alguns métodos que você pode usar inicialmente para examinar o rumo que seguiram as suas vidas passadas, sem que precise recorrer a uma regressão propriamente dita. Em seguida, descreverei diversos processos abrangentes que levarão você a uma regressão total e a descobrir exatamente quais são as experiências do passado que podem estar bloqueando você e influindo em sua vida presente. Sempre que você fizer algum dos exercícios que descrevo, recomendo-lhe que preste muita atenção aos sentimentos que eles despertam, e que procure o apoio de um amigo ou de um terapeuta experiente toda vez que sentir necessidade desse tipo de apoio. Mais adiante, neste mesmo capítulo, explicarei que tipo de terapeuta você deve procurar nesses casos.

Falar sobre o que quer que se apresente a você, seja alguma coisa dolorosa, seja alguma coisa alegre, pode ser muito benéfico. Partilhar o trabalho que você está fazendo com alguém próximo nesta vida é um modo maravilhoso e eficaz de integrar o material de vidas passadas em sua vida atual. Certifique-se apenas de que está escolhendo essa pessoa com muito cuidado — assegure-se de que se trata de alguém que lhe quer bem e que leva a sério o trabalho importante que você está empreendendo.

❖

Só estou imaginando coisas

Muitas vezes, em seminários sobre a terapia de vidas passadas, ouve-se a frase: "Só estou imaginando coisas!" quando as pessoas entram em contato com uma vida passada durante um processo. É claro que se está imaginando coisas! De onde você supõe que veio toda a vida? Você está sempre imaginando coisas. Não importa o que esteja vivenciando, deixe as imagens fluírem livremente. Solte as rédeas da imaginação sem ficar constantemente questionando as imagens. Assim você começará a receber informações cada vez mais precisas a respeito do seu passado. A princípio quando você começa a investigar suas vidas passadas, as imagens são com freqüência confusas — exatamente como acontece quando você tenta se lembrar de fatos da sua infância. Mas quanto mais você pratica, tanto mais claros eles se tornam. À medida que você vai acumulando pistas de vidas passadas, solte a sua imaginação, pois ela facultará muita vez que as imagens se tornem mais nítidas.

❖

Pistas das vidas passadas

Da análise das suas tendências atuais mais fortes você pode deduzir, com muita precisão, o tipo de vida que viveu no passado.

Paramahansa Yogananda, *Man's Eternal Quest*

Ao investigar a reencarnação você pode descobrir que vale a pena começar pela observação de sua vida presente em busca de pistas que forneçam indicações de vidas passadas. Recomendo-lhe instantemente que faça esse exercício antes de passar para o processo de regressão a uma vida passada, apresentado no fim do capítulo. Eis aí uma excelente maneira de estudar vidas passadas sem precisar entrar num estado alterado de consciência pela regressão a outras vidas. De mais a mais, é um modo muito eficaz de começar a entreabrir a porta para a rememoração espontânea de vidas passadas, em sonhos ou nas regressões. Você pode imaginar que é um "detetive de vidas passadas" enquanto acumula pistas derivadas de suas afinidades e experiências de vida.

Uma única pista não será suficiente para lhe dar todas as respostas, mas se você relacionar as pistas, pode começar a juntar as peças do quebra-cabeça do que você pode ter sido. A título de exercício, examine a lista a seguir e anote cada tópico no topo de uma página em branco:

- Brincadeiras infantis
- Estilos de roupas
- Arquitetura
- Preferências culinárias
- Profissões
- Talentos e habilidades
- Raça e herança cultural
- Livros e filmes

- Localização geográfica
- Climas
- Culturas
- Épocas ou acontecimentos históricos
- Experiências de *déjà vu*
- Animais favoritos
- Traços da personalidade e hábitos
- Medos e fobias
- Ferimentos, doenças e cicatrizes
- Sonhos

Escreva, por exemplo, no topo de um folha: Preferências culinárias. Em seguida, faça uma lista dos alimentos que mais lhe agradam, como culinária francesa e chinesa. Em cada página anote todas as "pistas" que puder reunir. Coloque as folhas de papel, já preenchidas, lado a lado, de modo que comece a formar-se uma imagem maior. Por exemplo, quando fiz esse exercício, percebi que muitas pistas indicavam uma vida passada no Japão. Sempre adorei as linhas simples da arquitetura japonesa tradicional. Em minha vida atual não somente vivi mais de dois anos num mosteiro budista japonês, mas estudei cultura japonesa durante dois anos na universidade. Estudei também a cerimônia japonesa do chá e *ikebana* (arranjo floral japonês), e fiz cursos de *Reiki* e *Shiatsu,* métodos de cura japoneses. Meu tipo predileto de restaurante é japonês. Além disso, houve um período em minha vida em que eu não perdia um filme sequer de samurais. Toshiro Mifune é, para mim, um astro maior do que Robert Redford. Olhando para essas pistas como um "detetive da reencarnação", não seria de estranhar que eu chegasse à conclusão de haver passado uma vida no Extremo-Oriente.

À medida que você elabora sua lista, note, em cada categoria, as afinidades, as experiências e tudo aquilo que você "sente" que é verdadeiro, mas não sabe explicar por quê. Por exemplo, na categoria "animais" note se há algum animal em particular com o qual você sinta uma afinidade especial ou do qual sempre teve medo. Conheço um homem que tem uma afinidade muito grande com cavalos e que foi mongol numa vida anterior. Nessa vida ele gostava mais dos cavalos que da própria mulher. Na categoria "traços da personalidade e hábitos" repare em qualquer trejeito que você costuma ter. Conheci uma mulher que, toda vez que se sente estressada, esfrega a garganta. Numa vida passada ela foi apunhalada na garganta. O estresse representava de novo uma lembrança passada.

Os padrões começam a emergir quanto você analisa suas pistas em conjunto. Como você poderá saber se está sendo preciso? Como poderá aprender a diferenciar entre um simples fascínio e a profunda agitação de um conhecimento interior? Em regra, uma boa indicação é a sua reação emocional: ela simplesmente se coaduna com as circunstâncias; há uma reação das entranhas. Se você estiver inseguro, fique imóvel por um momento e reflita sobre as idéias que estão começando a se formar a partir das suas pistas. Ainda que você não tenha uma idéia completamente clara, mais cedo ou mais tarde o seu subconsciente passará a mostrar-lhe o caminho para um entendimento maior. Em particular, observe os seus sonhos depois de ter feito esse exercício. Eles deverão trazer imagens mais nítidas das suas vidas passadas.

Brincadeiras infantis

A maior parte das brincadeiras infantis mais comuns é resultado de uma programação feita pela sociedade. Uma menininha pode ter ganho uma boneca e ficar sabendo pelos outros que ela é a mãe. Os seus jogos infantis em que brinca de "mãe" dos seus bebês são, em parte, condicionados pela sua cultura. Outras brincadeiras infantis resultam da imitação ou da "representação" simbólicas, feitas por uma criança, do comportamento adulto à sua volta. Um menininho observa o pai realizando consertos pela casa. Ele improvisará um martelo e brincará de fazer prateleiras de estantes. Por vezes, no entanto, as brincadeiras das crianças não passam de um resquício de lembranças de vidas passadas.

Eu tinha uma amiga que, quando criança, costumava armar uma estrutura de papelão semelhante a uma prisão. A seguir, entrava na prisão que ela mesma criara e fingia estar morrendo de fome. Induzia os amiguinhos de infância a "furtarem" pedacinhos de pão seco e levá-los para ela. E ela mesma contou que, mais tarde, já adulta, "se lembrava" espontaneamente de ter vivido num campo de concentração alemão. Assim que rememorou sua vida passada no acampamento, compreendeu por que costumava brincar dessa maneira muitas vezes, quando criança. Estava "representando de novo" um momento muito significativo de uma vida passada.

Aos seis anos de idade, eu costumava entrar sozinha no mato que havia perto da nossa casa. Passava horas colhendo pedacinhos de plantas e provando-os. Depois, levava um maço das plantas que escolhera para casa. Deixava-as secar e procurava moê-las para transformá-las em pó. Eu chamava de "remédio" as misturas e pós de minhas plantas. E tentava persuadir todos os meus amigos a tomarem um pouco dos meus "remédios" quando não se sentiam bem. Acredito que essa brincadeira da minha infância fosse um reflexo e uma representação de minhas lembranças do tempo em que eu era uma índia *blackfoot,* que colhia ervas para fazer remédios e dá-los à sua tribo. Um cético diria que essa minha mania de fabricar "remédios" poderia ter sido o resultado de uma programação de acordo com histórias que eu tivesse ouvido ou de alguma informação que tivesse absolvido subconscientemente. Mesmo que isso fosse verdade, por que eu teria me fixado numa determinada informação com exclusão de todas as outras? E como é que um cético explica uma criança que se revela um virtuose... uma criança que é mestre em música, mesmo que tenha nascido de pais que não são músicos? Embora seja impossível provar, fora de qualquer dúvida, o fato da reencarnação, vale enormemente a pena observar as brincadeiras infantis, que encerram, amiúde, chaves importantes para compreender vidas passadas.

Quanto mais nova a criança, tanto mais fortes são geralmente as suas lembranças de uma vida passada. Contou-me minha avó que, quando eu tinha três anos de idade, costumava irritar-me muitíssimo com ela por não se lembrar de nossa vida juntas como irmãs. E contou-me que eu costumava sempre perguntar-lhe, choramingando: "Você não se lembra?"

Quando Meadow, minha filha, era muito novinha, aos dois ou três anos de idade, costumava falar dos seus criados. Isso era muito curioso, considerando-se que tínhamos um nível de vida modestíssimo e, não raro, fazíamos nossas refeições sentados no chão. (Esse costume, provavelmente, pode ser rastreado até minha vida de índia nativa, quando eu me sentava no chão, ao pé da fogueira, para comer.) Meadow insistia em sentar-se à mesa, colocando inúmeras colheres, garfos e facas muito bem colocados ao lado do prato, como num cenário de um banquete. E também costumava pedir-me que pusesse suas roupas sobre a cama, "porque minhas criadas estendiam minhas roupas para mim".

Quando as amigas vinham brincar com ela, Meadow organizava jogos refinados e chás sofisticados. Certo dia, como suas amigas tivessem saído para brincar, procurei animá-la a ir com elas. Meadow respondeu-me com muita tristeza: "Não posso brincar com outras crianças. Não posso sujar minhas roupas."

A dor e a tristeza de uma vida passada solitária, régia ou formal, filtravam-se através das suas brincadeiras infantis. Muitíssimas vezes as atitudes das crianças podem ser atribuídas ao ambiente ou à educação. Não, porém, no caso dela, pois meu marido e eu somos pessoas do tipo que arregaça as mangas e leva uma vida modesta. Meadow continua a ser uma dama. Não posso ajudar, mas acho que ela nos escolheu como pais para compensar uma vida passada que pode ter sido formal e rígida.

Estilo de roupas

Muitas vezes encontramos uma pista valiosa para nossas vidas passadas no estilo de roupa pelo qual nos sentimos atraídos. Por exemplo, se você costuma usar echarpes longas e floridas e tecidos macios e soltos, ou gosta dos altos e majestosos pilares de pedra da arquitetura grega, pode ter vivido uma existência anterior na Grécia antiga. Está visto que um sem-número de razões explicaria sua preferência por essas roupas mas, quando você começa a reunir pistas, sua preferência em matéria de estilos pode ser muito útil à sua visão geral, do quadro da vida passada.

Você se sente atraída pelo estilo cigano, pelo estilo camponês, pelo estilo militar, pelo estilo étnico ou por algum outro estilo especial? Gosta de usar vestidos longos ou *smoking,* ou detesta roupas formais e só deseja sentir-se à vontade? Existe algum tipo de chapéu em particular que você já usou? Conheci um americano que sempre usava um gorro grego, e depois descobriu que havia sido um marinheiro grego. Cruzei com um francês que aparecia constantemente com um chapéu de caubói. Ele acabou descobrindo que vivera como caubói no Oeste selvagem do século XIX. Uma mulher australiana, que trazia sempre uma boina na cabeça, achava ter participado da Resistência francesa durante a II Guerra Mundial. As cores das roupas também podem ter tido significação em alguma de suas vidas passadas. Conheci uma mulher que sempre vestia roupas cor de açafrão. Esta era, por assim dizer, a sua marca. Regredindo a uma vida passada, ela se lembrou de ter sido um monge hindu na Índia e de ter usado, todos os dias, roupas dessa mesma cor.

Arquitetura

Examine os estilos arquitetônicos de que você gosta. Você aprecia a arquitetura Tudor, georgiana ou vitoriana? Ou se interessa por estruturas como cabanas, tendas de índios americanos, tendas circulares, cobertas de peles ou feltro, comuns entre os mongóis, habitações em rochedos, castelos ou templos gregos? Que espécie de arquitetura você aprecia? Que espécie de arquitetura lhe desagrada?

Preferências culinárias

Se você tivesse de escolher o tipo de comida que mais aprecia, optaria pela comida indiana, chinesa, tailandesa, japonesa, francesa, italiana, grega, africana, espanhola, mexicana, inglesa, escandinava, alemã, russa, vietnamita, húngara, ou por outro tipo de comida? Existe alguma comida especial ou algum tipo de comida pelo qual tem preferência? Por exemplo, se você gosta realmente de abacaxi e mamão, isso pode indicar que você viveu num clima tropical. Se tem paixão por escabeche de arenque, isso pode indicar uma existência passada na Escandinávia. Existe alguma comida à qual você seja alérgico? É claro que alergias alimentares podem provir de muitas fontes, mas alguns clientes meus descobriram que suas alergias alimentares tinham origem numa vida passada.

Localização geográfica

Existem países pelos quais você sempre se sentiu atraído ou que sempre desejou visitar? Talvez exista um país que você tenha visitado freqüentemente. Haverá algum país pelo qual você sente repulsa e nunca desejaria visitar? Um dos participantes de meus seminários descobriu que a repulsa, que sentira toda a vida, por viajar à Índia se originara de uma vida infeliz numa das regiões do norte daquele país. Você sente alguma afinidade por algum tipo especial de paisagem, como montanhas, desertos, colinas, pântanos nevoentos, pradarias, o mar ou alguma outra coisa? Qual é a sua paisagem preferida? Anote os lugares geográficos que provocam em você uma reação emocional, negativa ou positiva.

Climas

Em que clima você se sente melhor? Você gosta de clima seco e quente? Isso pode indicar que você viveu nas cercanias de um deserto. Gosta de climas úmidos, de calor tropical? Ou prefere o frio limpo e revigorante da neve de inverno? Imagine-se em climas diferentes e observe suas reações emocionais a cada um deles.

Culturas

Certas culturas lhe interessam? Você se sente fascinado, por exemplo, pela cultura dos índios norte-americanos ou pela cultura egípcia, ou asteca, ou do norte da África? Existem desenhos ou símbolos que exercem alguma atração sobre você? Olhe, por exemplo, para as culturas céltica, egípcia, maori, nativa americana, africana, chinesa, japonesa, indiana, *viking*, romana e do Oriente Médio. Qualquer uma delas lhe é familiar? Muitas e muitas vezes, quando criança, eu costumava desenhar uma estrela de Davi. Isso me faz acreditar, entre muitas outras pistas, que posso ter tido uma existência como judia.

Épocas ou acontecimentos históricos

Considere as épocas que despertaram o seu interesse na sua vida presente. Volte aos tempos de escola. Havia algum período em particular, como, por exemplo, a Idade da Pedra, a Idade do Bronze, o tempo dos Faraós, a Idade Média, a Renascença ou a Revolução Industrial que o atraíam nessa época? Existem eventos históricos que despertam grande interesse em você? Períodos como o da Armada, o da Revolução Francesa, ou o da I Guerra Mundial? Consulte qualquer livro de história geral e verifique se existem períodos que se destacam em sua mente. Lembre-se, contudo, de que a maioria dos livros dessa espécie não fala sobre as culturas nativas e você terá de procurar esse tipo de informação em outro lugar.

Experiências de *déjà vu*

Se você já esteve, alguma vez, num determinado lugar e sentiu que havia estado ali antes disso, anote suas sensações numa folha de papel. Tome nota todas as vezes em que se encontrou com alguém e sentiu que já conhecia essa pessoa. Afirmam os psicólogos que as experiências do *déjà vu* ocorrem quando a cena que você observa se torna acessível em sua mente consciente uma fração de segundo antes de você se dar conta conscientemente dela.

Você sente que já viu a mesma cena antes porque de fato a viu uma fração de segundo antes. Descobriu, no entanto, uma ligação direta entre as experiências do *déjà vu* e as vidas passadas.

Essas experiências são muito importantes na exploração de uma vida anterior. Examine cuidadosamente a sua vida, rememorando todas as experiências de *déjà vu*.

Tive, certa vez, uma experiência muito forte de *déjà vu*, que me deu a compreensão de uma das minhas vidas passadas. Há mais de vinte anos eu estava admirando a paisagem em Veneza, quando uma amiga e eu decidimos alugar uma gôndola para visitar algumas ilhas vizinhas. Uma ilha em particular parecia brilhar mais do que as outras no meio do nevoeiro distante, e indiquei-a ao gondoleiro. Essa encantadora gema no mar parecia acenar misteriosamente para mim. Dali a poucos instantes desembarcamos num molhezinho.

Enquanto eu desembarcava, um monge franciscano, rechonchudo e com uma calvície incipiente, chegou correndo para cumprimentar-nos. Ele falava um pouco de inglês e ofereceu-se para mostrar-me toda a ilha, ocupada inteiramente por um mosteiro e suas dependências. Enquanto o seguia, fui salteada por uma sensação avassaladora de *déjà vu*. Senti-me extremamente à vontade na ilhota — eu sabia exatamente o que havia ao redor de cada canto antes mesmo de chegar a ele. Imagens e lembranças esquecidas inundaram-me a consciência. Como era possível que eu conhecesse tão claramente o meu caminho? Eu nunca ouvira falar dessa ilha antes. De repente, quando virávamos uma esquina, vi uma cena muito diferente daquela que eu estava "relembrando". Muito espontaneamente, exclamei: "Ah, mas isto é novo!"

Com um olhar pasmado, o monge replicou: "É novo com relação à estrutura original... mas isso tem mais de seiscentos anos de idade."

Em meu espanto, eu desenterrara lembranças do monge que eu fora, havia mais de seiscentos anos, naquela ilha encantadora.

Profissões

Muitas vezes as profissões para as quais somos atraídos são réplicas das profissões que tínhamos numa vida passada ou têm características semelhantes. Isso parece especialmente verdadeiro em se tratando das profissões a que nos dedicamos no princípio da vida. Um homem, por exemplo, cuja regressão realizei, havia sido fabricante de pianos na Alemanha numa vida passada. Nesta, enquanto crescia, aprendeu a tocar piano e, ao chegar à quadra dos vinte anos, tornou-se carpinteiro. Ambas as profissões estão ligadas à vida em que ele foi fabricante de pianos. Hoje ele não é nem pianista nem carpinteiro, mas um artista. Acredito que já tenha completado o karma dessa vida passada na Alemanha, de modo que já não está envolvido em profissões semelhantes às daquela vida.

Talentos e habilidades

Muitas habilidades que você adquire espontânea e facilmente podem ser atribuídas a vidas passadas. Talvez crianças-prodígio como Mozart, que tocava cravo com grande virtuosismo desde tenra idade, tenham desenvolvido essas habilidades numa vida passada. O exame de seus talentos espontâneos e naturais pode propiciar-lhe mais algumas pistas de quem foi você.

Num sábado de manhã nossa filha anunciou que desejava ir esquiar. Andara assistindo a uma competição de esqui pela televisão na véspera e ficara encantada com a beleza e a graça dessa atividade. Meu marido costuma ser muito lerdo nas decisões que toma de manhã cedo, de modo que fiquei estupefata quando ele concordou imediatamente — sobretudo pelo fato de que ele nunca esquiara no gelo em sua vida.

Nossas experiências quando chegamos ao ringue foram muito diferentes. Minha filha já patinara antes com patins de rodinhas, mas jamais esquiara no gelo. Instantes depois seus tornozelos começaram a tremer e ela estatelou-se no gelo. Eu esquiara muito quando criança, mas estava enferrujada e insegura. Enquanto eu ajudava Meadow a levantar-se do gelo procuramos com os olhos David, que nunca esquiara antes. Exatamente naquele momento ele passou por nós com movimentos fáceis, graciosos, deslizantes. Girou em círculos. Deu marcha a ré com os esquis. Esquiou velozmente. Esquiou lentamente. Completou giros e voltas maravilhosos. Assombrosos! A seguir, depois de vários minutos dando voltas no ringue, seus pés, de repente, passaram a voar debaixo dele e David distendeu um músculo do joelho. Era como se alguma coisa dentro dele soubesse exatamente como esquiar, mas os músculos de sua vida presente não estivessem preparados para se mover nessas direções. Antes disso, ele se lembrara de ter vivido na Holanda como burgomestre, funcionário público, onde tivera de esquiar freqüentes vezes em canais e lagos congelados. Acredito que em sua vida atual as lembranças da esquiagem no gelo na Holanda se tenham filtrado através dele, vindas do passado.

Raça e herança cultural

Tenho notado a existência de alguma relação entre a herança cultural e/ou racial de uma pessoa e os tipos de vidas passadas que ela levou. Essa relação tem muitas variantes e até hoje se levaram a efeito pouquíssimas pesquisas sobre o fenômeno. Entretanto, uma pessoa geralmente tem um antepassado numa cultura em que teve uma experiência de vida passada. Um homem com um bisavô oriundo da Alemanha pode descobrir que foi alemão numa vida anterior, ainda que não se considerasse alemão naquela época.

Livros e filmes

Desenvolver seu interesse por vidas passadas pode ser tão fácil quanto folhear livros de viagens ou a revista *National Geographic* para observar suas reações às diversas cenas. Leia o que está escrito a respeito de diferentes culturas numa enciclopédia e tome nota das culturas que lhe interessam. Examine livros ilustrados sobre diversos ambientes e observe como eles influem em você. Olhe, por exemplo, para algumas fotografias de cenas no deserto e verifique se elas não lhe despertam alguma reação emocional. Em caso afirmativo, isto é, se elas lhe produzem uma reação emocional, dê um segundo passo e use a imaginação para colocar-se na fotografia. Imagine como você seria ou que tipo de vida você poderia ter levado de acordo com a fotografia.

Anote os tipos de livros pelos quais você se sentiu atraído durante a vida. Quando criança, li todos os livros que encontrei a respeito do Amazonas. Fascinavam-se aquelas cenas de florestas fumosas e me arrebatava a abundância de animais selvagens, especialmente as sucuris. Quando criança, eu adorava ir ao zoológico para ver as cobras grandes e até consegui de meus pais que me apresentassem a um ofiologista. Cheguei realmente a segurar uma sucuri e uma jibóia, o que foi uma das grandes emoções da minha infância. Até criei e alimentei serpentes. Mas não havia nada em minha formação que sugerisse um interesse por ofídios e pela floresta.

O exame dos tipos de livros, filmes e peças teatrais que o atraíram é muito útil na exploração de suas vidas passadas. Mesmo que você tenha lido o mesmo *best-seller* que milhões de pessoas leram, pode ser que as cenas que tenham se fixado na sua mente sejam diferentes das cenas que permaneceram na mente das outras pessoas. Faça uma lista das cenas de filmes ou das passagens de livros que mais o impressionaram.

Animais favoritos

Você tem um interesse maior por certas espécies de animais? Quando está com esses animais, sente que é capaz de comunicar-se com eles? Esse tipo de experiência pode estar relacionado com uma vida passada em que você teve um contato maior com determinada espécie de animal. Você talvez fosse um treinador de cavalos ou um fazendeiro. Ou talvez, em alguma época da sua vida, o seu único amigo foi um animal. O consolo emocional propiciado por esse relacionamento pode ter sido a única coisa que fez com que você enfrentasse uma experiência incrivelmente difícil. Existem relatos de prisioneiros que fizeram dos ratos das suas celas animais de estimação, reservando uma porção das suas magras refeições para alimentar os seus amigos do reino animal. Esse ato de abnegação, ao lado da gratidão do bicho, impediu-os de enlouquecer.

No antigo Egito os gatos eram considerados deuses. As

pinturas nos túmulos dos egípcios estão cheias de imagens régias de gatos, desempenhando papéis importantes nos mitos daquele povo. Com efeito, os gatos eram tão reverenciados que muitos foram embalsamados junto com os donos quando estes morriam. Se você teve, a vida inteira, uma afinidade especial com os gatos, a ponto de quase adorá-los, você pode ter um dia vivido no Egito antigo.

Traços de personalidade e hábitos

Você pode encontrar mais algumas pistas acerca das vidas passadas que já viveu estudando os hábitos e traços de personalidade que fazem de você uma criatura singular. Claro está que muitos desses trejeitos e características podem remontar a acontecimentos e influências da vida atual. Muitas vezes, porém, as pessoas exibem certos tipos de comportamento que, aparentemente, não têm lógica nenhuma se levarmos em conta seu histórico pessoal. Um homem, por exemplo, normalmente muito educado, procedente de uma família refinada e culta, que fosse bondoso e nunca perdesse a cabeça, pode descobrir que toda vez que presencia um ato de crueldade praticado contra crianças sente-se tomado de uma cólera súbita e violenta e precisa reprimir-se para não proceder de maneira inadequada. Ele pode até ter sentido vontade de matar alguém por gritar com os filhos. Numa vida passada esse homem teria vivido num orfanato, onde as crianças, por não serem respeitadas, eram, às vezes, tratadas com crueldade.

Atitudes que estão em completo desacordo com o que alguém sabe ser verdade no tocante à sua formação, também se explicam por intermédio da exploração de vidas passadas. Por vezes, pessoas que tiveram um passado de pobreza e se tornaram extremamente ricos, contam que sempre gostaram de coisas luxuosas e que viveram como se as possuíssem até na pior das situações. Eles tinham maneiras requintadas e procediam como se pertencessem à nobreza. É possível que essas pessoas tivessem privilégios em existências anteriores e, por isso, soubessem instintivamente como agir e como andar, recriando essas condições na vida presente.

Medos e fobias

Muitas pessoas não conseguem explicar seus medos e fobias nem mesmo depois de anos de terapia. Esse fenômeno, às vezes, só se desenreda quando são descobertos traumas de vidas passadas. Por exemplo, uma mulher pode sentir tamanho medo de cobras que esse medo lhe inibe a capacidade de fazer coisas que ela, aliás, gostaria de fazer. Ela pode ter medo de caminhar em qualquer lugar da zona rural com medo de ver uma cobra. Pesadelos com cobras a impedem de dormir por semanas a fio em determinadas épocas. Finalmente, mediante regressão a uma vida passada, essa pessoa descobriu que foi jogada em uma cova de serpentes como castigo por um crime insignificante, quando ela pertencia a uma cultura antiga e bárbara, numa outra vida. O medo subconsciente de que isso pudesse acontecer-lhe por uma coisinha à-toa que ela fizesse inconscientemente nesta vida, a atormentara durante anos mas, enquanto não deu tento da origem do seu medo, foi-lhe impossível compreender que isso não lhe aconteceria agora.

O exame dos medos e fobias que carregamos conosco mas não parecem relacionar-se com os fatos da nossa vida atual, pode ser um instrumento muito útil para decifrar com precisão o tipo de experiências por que passamos nas vidas passadas. Muitos clientes vêm pedir a minha ajuda para se livrar dos medos e fobias que se recusam a deixá-los. Esse é um dos motivos principais por que muitas pessoas decidem trabalhar com as vidas passadas. Experiências terríveis sofridas em vidas anteriores são freqüentemente recriadas na vida presente. Dessa maneira, você descobrirá que o que quer que tema voltará muitas e muitas vezes em sua vida até superar o medo. Essa é uma lei cósmica. Recriamos circunstâncias semelhantes em nossa vida presente para liberar bloqueios do passado. Examine, portanto, os seus medos e fobias. Você pode até imaginar possíveis situações que poderiam acompanhar esses medos no intuito de obter compreensão a respeito do que você foi.

Ferimentos, doenças e cicatrizes

Em minhas regressões descobri uma relação entre ferimentos, doenças e até cicatrizes que temos nesta vida e o que ocorreu em outras vidas. Em regressões a vidas passadas, uma mulher lembrou-se nitidamente de haver sido baleada na testa. O mais interessante é que a mulher tinha, logo abaixo da linha dos cabelos, uma pequena depressão que dava a impressão de que uma pequena bala lhe penetrara na cabeça. Outra pessoa desenvolveu uma incrível erupção pustulosa aos treze anos de idade. Já adulta, durante uma regressão, reviveu o suplício da fogueira numa vida pregressa na Espanha, quando tinha treze anos de idade. Quando chegou à mesma idade nesta vida, ativou subconscientemente a lembrança de haver morrido queimada em outra existência. Sua associação subconsciente contribuiu para o desenvolvimento de uma erupção que lembrava queimaduras. Minha experiência ensinou-me que, muitas vezes, desenvolvemos problemas físicos numa idade próxima à do início desse problema numa vida passada. Até marcas de nascença podem dar pistas para uma vida anterior. À guisa de exercício, olhe para suas marcas de nascença e para suas cicatrizes e, em seguida, pergunte a si mesmo o que poderia ter ocasionado marcas como aquelas; a seguir, tome nota de qualquer imagem ou sentimento que possam vir à tona.

Sonhos

Uma das maneiras mais eficazes de compreender as vidas passadas sem recorrer à regressão é a observação dos sonhos (ver também o Capítulo 5). Todo sonho não somente traz mensagens secretas relativas à sua vida presente e aos seus relacionamentos, como também traz mensagens do passado e até do futuro.

Depois de você haver compilado todas as suas listas de pistas, analise essas informações e comece a formar uma imagem de como poderiam ser os cenários das suas vidas passadas. Essa informação pode ser útil a um novo trabalho com vidas passadas que você decida realizar, e pode também proporcionar-lhe uma sensação de segurança — vale dizer, algum sentido de onde estará viajando, sem precisar sentir como se estivesse simplesmente saltando para o desconhecido. Nas seções subseqüentes falarei sobre métodos de regressão que o levarão diretamente para o passado, que você está tentando desvendar. Por meio deles você poderá adquirir, com mais precisão, a idéia exata de onde você veio.

❖

Regressão

O método mais comum de regressão a uma vida passada requer o emprego dos poderes de visualização. O que faz da visualização uma técnica excelente é o fato de permitir que se entre em contato com o subconsciente — depois que esse contato foi estabelecido, a mente subconsciente já não é capaz de diferenciar uma experiência real de uma experiência criada pela imaginação. Tanto os médicos quanto os cientistas reconhecem que as imagens visualizadas produzem realmente mudanças psicológicas, e até fisiológicas em alguns casos, quase do mesmo grau que o da experiência direta.

Um estudo realizado na University of Chicago demonstrou o poder da visualização. Certo número de alunos foi dividido em três grupos e tomou-se nota da capacidade de cada grupo para fazer arremessos no basquete. Os três grupos foram observados no desempenho de uma manobra denominada lance livre; cada grupo passou por uma espécie diferente de preparação mental. (Verificam-se os lances livres quando um jogador está numa certa linha e arremessa a bola na direção do aro da cesta. A distância entre a cesta e o jogador é sempre a mesma, suspende-se o jogo enquanto o jogador tenta o arremesso.) O Grupo 1 não fez lances livres no correr dos trinta dias da experiência e, no fim desse período, não revelou nenhum progresso. O Grupo 2 fez lances livres em cada um dos trinta dias e revelou um progresso de 24%. O Grupo 3 só fez lances lícitos mentalmente em cada um dos trinta dias, e revelou um progresso surpreendente de 23%.

A importância desse fenômeno pode ser aplicada à terapia das vidas passadas. Se você visualizar uma jornada a uma vida passada e solucioná-la, o seu subconsciente reconhecerá essa jornada como um acontecimento verdadeiro — e reconhecerá a decisão a que chegou como uma resolução de fato.

❖

Técnica de visualização

Passo nº 1 — entre num santuário natural

Para iniciar a jornada visual ao passado costumo sugerir que você primeiro fique bem descontraído (ver p. 133). Em seguida, imagine que vai a um lugar em meio à natureza. Você tanto pode imaginar um lugar em que realmente já esteve e onde se sentiu em paz, como pode procurar um lugar imaginário. Algumas pessoas têm dificuldade em visualizar. Sugiro que, se esse for seu caso, procure ter a "sensação" de que está junto à natureza ou "sinta" que está lá. Para fazê-lo, imagine os sons que ouve à sua volta — o canto dos pássaros, o estrondo de uma cachoeira distante, o borbulhar de um múrmuro regato.

Tentar imaginar os aromas e as sensações corporais que se experimentam pode ser, para algumas pessoas, um modo mais evocativo de viajar para dentro da mata. Você sente o cheiro da umidade do musgo esponjoso debaixo dos pés? A fragrância penetrante do ar fresco e dos pinheiros não lhe aclara os pensamentos? Não sente o calor do sol inundar-lhe o corpo enquanto caminha ou talvez enquanto jaz estendido sobre uma rocha lisa e banhada de sol?

Ao imaginar que está em meio à natureza você sentirá paz e segurança antes de prosseguir na regressão a uma vida passada. Você sentirá a ligação que todos partilhamos com a terra, mãe de todas as coisas vivas, e isso proporciona uma sensação de grande bem-estar a muitas pessoas. Costumo fazer meus clientes encontrarem o guia deles nesse momento (ver Capítulo 7), aumentando-lhes assim a sensação de segurança e bem-estar antes de iniciarem a regressão.

Passo nº 2 — Opções de transição

Depois de você ter imaginado um lugar na natureza, é importante fazer a transição entre o lugar na natureza e a vida passada. Você estará percorrendo um longo caminho através do tempo e também, em alguns casos, através do espaço. Você pode pensar nos exercícios de transição como uma espécie de veículo sofisticado que o transportará aonde você quiser ir, de modo que possa chegar a salvo e ileso, com um mínimo de esforço e sem passar por um choque cultural. É importante reconhecer que você precisa de um mecanismo que faculte à sua mente e ao seu corpo ajustarem-se à suspensão do tempo e do espaço normais.

É também essencial compreender que os exercícios de regressão podem fazer vir à tona emoções fortíssimas, que vão desde a alegria e a satisfação até o terror ou o pesar intenso. Compenetre-se de que a regressão é uma experiência positiva em sua vida, preparando, para realizá-la, um lugar seguro, emocional e fisicamente. Escolha um momento em que você não esteja sobrecarregado com as tensões do dia-a-dia, e assegure-se de que uma pessoa de quem você gosta e em quem você confia, está pronta para ajudá-lo a lidar com o que quer que aconteça, se você achar que precisa de uma assistência dessa natureza. Isso pode ser útil não só para lidar com emoções negativas, mas também para escolher as positivas. Não há nada melhor do que uma boa conversa com um amigo para obter uma visão melhor das coisas e para formar um quadro inteiro com fragmentos de informações.

É importante que você se familiarize inteiramente com as técnicas de resolução descritas no Capítulo 6 antes de praticar um desses processos completos de regressão. Você precisa ter algumas idéias à mão, que o ajudem a resolver os problemas que possa encontrar nas experiências das vidas passadas, para evitar a possibilidade de voltar a traumatizar-se. Você não só quer reviver suas vidas anteriores — mas também deseja ser capaz de resolvê-las, ou talvez até de reescrever sua própria história. Por isso mesmo, leia cuidadosamente, até o fim, as técnicas que se seguem e, em seguida, leia também o Capítulo 6, antes de tentar adotar qualquer uma delas.

Convém também revisar a seção do Capítulo 5 que trata da sucessão e interpretação dos sonhos (pp. 159-164). Incluí nessa seção informações úteis para interpretar o emaranhado, às vezes incompreensível, de imagens e períodos de tempo que podem surgir nos processos de regressão. Cada etapa da sua vida, por exemplo pode refletir uma vida passada diferente. Digamos que, quando criança, você se divertia brincando de guerra. Pode dar-se que, um pouco maior, você trabalhasse aspectos de uma vida passada em que morreu em combate. Como pode acontecer que, adolescente, você tenha se interessado por algum tipo de arte. Esse interesse pode refletir aspectos de uma vida na Renascença, em que você foi pintor.

Quando estiver realizando processos de vidas passadas, você terá consciência de vidas que reflitam alguma coisa com que você está lidando na vida presente. Seja qual for a vida que venha à tona para você, ela conterá outras pessoas que figuram em sua vida agora, ou situações ou problemas que simbolizam circunstâncias de sua vida atual. Quanto mais você praticar esses exercícios, e quanto maior for o número de experiências de vidas passadas de que você der tento e resolver, tanto mais equilibrado e presente será você em sua vida atual.

Aqui estão vários métodos diferentes que podem ajudálo a levar a efeito uma transição bem-sucedida, primeira fase necessária à realização dos exercícios de regressão descritos a seguir.

O túnel do tempo

Deixe o seu santuário natural e entre num túnel do tempo. Você pode contar os passos ou imaginar que está chegando cada vez mais perto até entrar finalmente numa vida passada.

A ponte do tempo

Enquanto você está em meio à natureza, aparece uma ponte. Você atravessa a ponte até chegar bem alto, acima das nuvens. Enquanto prossegue em sua jornada, desce, pela ponte, através das nuvens, e chega a uma vida passada.

O rio do tempo

Você entra num pequeno bote forrado de almofadas macias. Reclina-se nas almofadas e observa as nuvens acima da cabeça, enquanto o bote navega com a correnteza pelo rio do tempo, conduzindo-o a uma vida passada.

O elevador

Entre no elevador cósmico. Cada número no painel de luzes no elevador representa uma vida diferente. Você tanto pode apertar um botão quanto esperar que o elevador pare. Quando a porta se abrir, você entrará numa vida passada.

A sala das portas

Você entra numa sala circular com muitas portas ou percorre um corredor com inúmeras portas de cada lado. Cada porta se abre para uma de suas vidas passadas. Se quiser, imagine janelinhas em cada porta pelas quais poderá olhar antes de abri-la.

A máquina do tempo

Uma máquina do tempo aparece em seu santuário natural. Você entra nela e a máquina o eleva por entre as nuvens. Quando ela descer você estará numa vida passada. Nessa máquina poderá ter até mesmo um painel que lhe mostra a data exata em que você chegou.

As névoas do tempo

O seu santuário natural começa a desaparecer em meio à neblina. À medida que você caminha por entre a névoa, sabe que está ocorrendo uma incrível transição: o seu corpo passa por uma metamorfose. Embora você não possa vê-la acontecendo, sente o corpo mudar e passar a ser o corpo que você ocupou numa vida passada. Nisso, você entra nessa vida passada.

Existem muitas variações nos métodos acima descritos. Certos métodos de visualização funcionam melhor para algumas pessoas do que para outras.

❖

A regressão a vidas passadas

Como o objetivo de programar-se para a evocação de uma vida passada, peça a alguém que leia o texto a seguir para você com voz bem pausada. Você também pode gravar sua própria voz lendo o procedimento e tocando-o para você. Se estiver fazendo uma gravação em fita para si mesmo, substitua o "você" por "eu".

Comece deixando o corpo numa posição bem descontraída. Tanto faz que você esteja sentado ou reclinado. Em seguida, respire algumas vezes profunda e relaxadamente. A cada respiração que faz, você fica mais relaxado. Cada respiração que faz, cada som que ouve o deixam mais e mais relaxado.

Concentre a atenção no pé esquerdo e sinta-o relaxar. Ele está agora completamente relaxado. Em seguida, concentre toda a atenção no pé direito e sinta-o relaxar completamente. Deixe que a deliciosa sensação de relaxamento lhe percorra a perna esquerda e deixe-a relaxar. Muito bem. Concentre agora a atenção na perna direita e deixe que a maravilhosa sensação de relaxamento a percorra. Deixe a perna direita completamente relaxada. Continue a sentir uma onda lenta de relaxamento subir desde os pés, através das pernas, até o tronco, saindo pelos braços e pelo topo da cabeça. Todo o seu corpo está relaxado, quente e à vontade. Faça uma respiração profunda e relaxe totalmente.

Imagine-se agora caminhando pelo meio de um campo. O dia está quente e cheio do aroma pleno e rico da relva. Você ouve o delicado zumbir dos insetos e os trinados estivais dos pássaros ... Esses sons enchem o ar de uma cadência suavizante e rítmica. Uma névoa começa a erguer-se do chão e uma quietude enche o ar. A distância ouvem-se os sons delicados de um rio que vem beijar as margens. Você se aproxima do rio. A neblina adensa-se muito. Ao chegar à beira do rio, você nota a presença de uma ponte que liga as duas margens. A neblina ficou tão densa que não se pode ver o outro lado na ponte. Na realidade, você só pode ver alguns passos à sua frente depois que começa a atravessá-la. A cada passo que dá percebe que se aproxima de uma de suas vidas passadas. Você atravessa o rio do tempo, que nunca deixa de fluir. Contarei de 1 a 22. Quando chegar a 22, você descerá da ponte numa época muito remota, antes de voltar ao corpo atual. 1-2-3-4... a cada passo que você dá, a névoa revolta e mística parecerá envolvê-lo com calor e amor... 5-6-7-8-9... você se dá conta de uma presença muito carinhosa que o guia e protege a cada um de seus movimentos. 10-11-12-13-14-15-16-17... o nevoeiro começa a se dissipar 18-19... o fim da ponte está chegando. 20-21-22 desça da ponte.

Você chegou a um outro tempo, a uma de suas vidas passadas. A névoa se dispersou de todo. Abaixe a vista para ver seus pés. São pés de homem ou de mulher? São pés novos ou velhos? Você está fora ou dentro deles? Sobre que espécie de superfície você está? Areia? Pedra? Telhas? Chão de madeira? Grama? Que tipo de material está cobrindo os seus pés? Que roupa está usando? Olhe à sua volta e tome nota do que distingue. Você está no campo ou na cidade? No caso de existirem construções, observe-lhes a arquitetura. Há pessoas por perto? Se houver, preste atenção ao que falam. Que idioma parecem falar?

Há ali pessoas parecidas com outras que você conhece em sua vida atual? Enquanto explora essa vida e se dá conta dela, observe seus sentimentos e emoções. O que está sentindo pelo fato de estar nessa vida? Você tem alguns minutos para estudá-la... e pode fazer isso neste momento.

Agora vá para um tempo, nessa mesma vida, que foi muito significativo ou importante para você. Resta-lhe um breve instante para ver o que está acontecendo e observar como se sente em face das circunstâncias.

Adiante-se um pouco mais no tempo, permanecendo na vida passada que você está explorando... Avance até chegar ao momento em que você está prestes a deixar o corpo e passar para o mundo espiritual. Como foi que você morreu? Foi uma morte lenta ou você morreu de repente? Que pessoas se achavam ao seu redor? Você relutava em morrer ou estava tranqüilo? Raramente o processo da morte é encarado como um evento doloroso, e geralmente damos um grande suspiro de alívio após compreender que realizamos a passagem. É como voltar para casa depois de uma longa ausência. Você tem um minuto para observar esse fato significativo de sua vida passada. Pode fazê-lo neste instante.

Adiante-se agora no mundo espiritual. A partir dessa perspectiva espiritual, procure ver o que aprendeu com essa vida passada. Havia medos ou preocupações, procedentes daquela vida, que continuam presentes em sua vida atual?

Quando você compreender de onde se originaram esses medos, saberá que não são reais e que é muito simples livrar-se deles. Libere-os pura e simplesmente. Você sabe que pode criar sua vida no presente de modo que ela seja exatamente do jeito que você a quer. Sabe que pode escolhê-la livremente, sem a programação de outras vidas.

Agora é chegado o momento de deixar que essa vida anterior se desvaneça para que você volte à vida presente. Consinta em que a vida passada se vá... basta-lhe deixar as coisas correrem.

À medida que vai recuperando a consciência normal do estado de vigília, você se sente bem, forte e poderoso. Você ingressou no passado distante com coragem e olhou sem espírito crítico para a pessoa que foi. Basta essa visão da sua vida passada para melhorar e enriquecer sua vida presente. Com essa regressão você deu um passo a mais para aproximar-se da divindade que há em seu interior. Você tem liberdade para explorar qualquer vida passada, e o conhecimento que granjeia cria o espaço para que sua vida seja mais satisfatória e plena.

Vou começar a contar de 1 a 5. Quando chegar a 5, você estará totalmente desperto e consciente. 1-2... seu corpo é sadio e forte. 3... mais e mais desperto. 4... seus olhos parecem ter sido banhados na água fresca e fria de uma fonte. 5... inteiramente acordado e sentindo-se ótimo. Agora abra os olhos. Espreguice-se e goze a beleza do dia.

A técnica de "seguir o sentimento"

Outra técnica de muita utilidade para localizar uma vida passada é a que chamo de técnica de "seguir o sentimento". Primeiro localize a área de sua vida em que você gostaria de obter ajuda. Existem algumas áreas que você pode considerar dignas de exame:

- Coisas que você gostaria de perdoar nos outros.
- Coisas que você gostaria de perdoar em si mesmo.
- Problemas de saúde.
- Medos ou fobias.
- Talentos ou forças que você quer redespertar.
- Bloqueios em sua vida.

Passo nº 1 — Localize a sensação do corpo

Identifique o problema em sua vida com o qual você deseja trabalhar. Em seguida, relaxe. Deixe aflorar a emoção ou o sentimento que pode associar à área que o preocupa. Em seguida, sinta a emoção. Para sentir emoções, localize o ponto em que elas lhe estão causando mudanças no corpo. Você pode localizar, por exemplo, o medo como uma sensação de aperto no centro do peito, ou pode estar retendo a respiração. Percorra o corpo mentalmente e localize a área em que sente a emoção associada ao problema com o qual deseja trabalhar.

Um exemplo pode ser o fato de você estar magoado com seu pai porque ele o maltratou durante a infância e você deseja perdoá-lo. Pense em seu pai e nos maus-tratos que sofreu. Sinta a mágoa. Em seguida, viaje dentro do seu corpo com a imaginação — encontre os lugares do corpo em que sente a mágoa. Essa mágoa pode parecer um caroço no peito. Em seguida, concentre toda a atenção no centro do peito e pergunte a si mesmo que forma pode assumir esse sentimento em seu corpo. Use os critérios enumerados a seguir:

- cor
- tamanho
- forma
- textura

Para compreender como pode fazer isso, imagine que você consegue "ver" as sensações no interior do corpo. De que cor serão elas? A seguir, faça o mesmo com relação ao tamanho, à forma e à textura. A mágoa que você tem de seu pai, por exemplo, pode "parecer-lhe" que tem uma forma alongada e azul-escura, do tamanho de uma bola de futebol americano, localizada no centro do peito. O fato de responder a essas perguntas ajuda a atingir as lembranças guardadas no corpo, pois isso faz com que você concentre a atenção nelas. Essa é uma técnica muito eficaz, pois nem todas as lembranças se localizam no cérebro — as lembranças de vidas passadas, por exemplo, podem alojar-se também no corpo. A observação do corpo é um modo singularíssimo de chegar a vidas passadas.

Passo nº 2 — Retroceda

Mantendo a atenção na região do corpo que você escolheu, observe todas as lembranças espontâneas que afloram. Não importa que elas sejam da semana anterior e não de uma vida passada. Peça para "ver" uma lembrança semelhante de um fato anterior. Nós continuamos a recriar situações semelhantes, existência após existência. Continue retrocedendo através de lembranças semelhantes até alcançar uma lembrança que pareça ser a origem do seu problema. Nesse ponto, você pode recorrer a qualquer uma das resoluções técnicas descritas no Capítulo 6.

Técnica de regressão

Esta é uma técnica muito simples. Fique o mais relaxado possível e comece a retrogradar no tempo.

Passo nº 1 — Relembre

- o dia de ontem
- a semana passada
- o mês passado
- o ano passado
- a infância
- o período em que você era um feto
- uma vida passada

❖

Outras técnicas

Olhe-se num espelho

A técnica é simples. Permaneça muito tranqüilo e relaxado. Você pode até acender uma vela. Num aposento parcialmente iluminado, fite os olhos no seu reflexo num espelho. Às vezes seu rosto mudará de forma e você poderá ver como ele poderia ser numa vida passada. Feche os olhos a intervalos e verifique se alguma imagem surge espontaneamente. Relaxe. Abra a mente para a infinidade do universo e para as intermináveis possibilidades de seu próprio passado. Se começar a ficar muito assustado ou confuso trabalhando com esse método, interrompa o trabalho e volte a ele mais tarde. Ou se quiser, experimente uma variação dessa técnica, trabalhando pelo método descrito em seguida.

Um de frente para o outro

Esta técnica é parecida com a do espelho, descrita acima, com uma diferença: você deve executá-la com um amigo. É importante escolher uma pessoa em quem você confia profundamente, e que seja capaz de ajudá-lo a lidar com qualquer sentimento que possa surgir.

O trabalho com outra pessoa realiza-se de duas maneiras: Ou vocês se olham e procuram um no outro pistas indicativas de quem podem ter sido em outra vida; ou uma pessoa olha para a outra, que se mantém sentada e relaxada. Em outro caso, você se concentra no rosto do parceiro como se concentrava no próprio rosto no exercício do espelho. Às vezes você verá o rosto do amigo mudar e ele lhe parecerá diferente. Ou dará a impressão de ser de um sexo diverso do que ostenta agora. Às vezes, parecerá pertencer a uma raça diferente ou a outro século. Confie na sua intuição e obterá pistas da identidade dele no passado.

Regressão em grupo

Você pode participar de um seminário em que se faz regressões a vidas passadas. A maior parte do meu trabalho agora é feito com grupos, normalmente constituídos de duzentas pessoas cada um. Isso, no meu entender, é muito eficaz, pois é tremenda a quantidade de energia disponível num grupo de grandes proporções. Por ser a energia tão forte, cumpre que a pessoa que dirige a regressão seja alguém com muitos anos de experiência e com quem você se sinta bem. É uma boa idéia obter referências pessoais de pessoas que já participaram de uma regressão com o terapeuta que dirigirá o grupo em que você pretende ingressar. Em meus seminários costumo juntar certo número de terapeutas qualificados para socorrer os participantes em caso de necessidade.

Gravações

Algumas pessoas conseguem usar com muito êxito gravações de regressões. Na primeira vez que gravei uma regressão minha, o engenheiro de som do estúdio de gravação (que não acreditava em vidas passadas) caiu do mocho em que estava sentado e entrou em contato, espontaneamente, com uma vida passada. Na página 231 há um endereço no qual você pode obter minhas gravações de vidas passadas, se estiver interessado.

O terapeuta de vidas passadas

Existem problemas na vida que exigem o auxílio de um terapeuta. Certifique-se de que você se sente bem ao lado do terapeuta com o qual trabalha. Procure se informar a respeito do profissional mais indicado para o seu caso. Se os sentimentos que afloram durante a regressão impedem que você tenha uma vida normal, isso é uma indicação de que você pode precisar de um terapeuta. Se você se sente completamente esmagado e não consegue enfrentar os acontecimentos, procure ajuda. Convém pedir referências a quem mereça a sua confiança. Se quiser, verifique o diploma e as credenciais do terapeuta que escolheu. Quando estiver selecionando um terapeuta, compreenda que, embora algumas coisas penosas, que precisam ser trabalhadas até o fim, possam surgir, você nunca deve sentir-se pior do que se sentia antes de iniciar a terapia. O trabalho com a pessoa escolhida por você deve acarretar-lhe uma sensação de alívio, e você precisa ter certeza de que ela o respeita e que você pode confiar totalmente nela.

Sonhos

Um meio muito poderoso que você tem de ligar-se a suas vidas passadas são os sonhos. A meu ver essa é uma área importantíssima e por isso dediquei todo o Capítulo 5 ao assunto.

Estas são apenas algumas das muitas técnicas para se entrar em contato com as vidas passadas. Ao empregá-las lembre-se de que cada período cronológico da sua vida pode refletir uma vida passada diferente.

Como a sua existência presente espelha vidas passadas diversas, você será cercado por pessoas dessa determinada vida passada, ou estará intimamente envolvido com elas. Sarah, por exemplo, absorvida pelo seu caminho espiritual, acabou se dedicando à igreja do seu bairro. Passou a coordenar as reuniões matutinas dominicais da igreja, destinadas a um grupo de crianças, e assim fez novas amizades. Passou, ao mesmo tempo, a se interessar por velas e incenso. Numa regressão a vidas passadas, descobriu que havia sido freira no sul da França (onde se queimavam muitas velas e se utilizava incenso) e descobriu que todas as suas novas amigas da igreja tinham sido monjas da mesma abadia. Na vida passada que partilhavam todas haviam cuidado de crianças órfãs. E se haviam reunido outra vez em circunstâncias semelhantes para completar algum karma que tenham contraído juntas nessa vida passada.

Também é importante que você não se esqueça de se divertir nas explorações de suas vidas passadas. Quando você consegue apreciar todo o processo sem se preocupar se as informações que obtém são ou não corretas do ponto de vista histórico, torna-se mais fácil para o seu subconsciente viajar por entre as lembranças de suas outras vidas. Se você questionar constantemente, com sua mente crítica, a validade dos fatos históricos de sua vida passada, pode perder o valor psicológico das explorações e será mais difícil rememorar suas vidas já vividas com exatidão. Seria o mesmo que tentar relembrar a festa de comemoração dos seus doze anos em sua vida presente. Se a sua mente crítica persistisse em dizer: "Não, isso não pode estar certo." Dessa forma seria cada vez mais difícil lembrar-se do seu aniversário.

IMPORTANTE: Se você por acaso se sentir realmente "bloqueado" ou se estiver trabalhando num problema extremamente delicado, como maus-tratos, por exemplo, sugiro que procure um terapeuta especialista em regressão. Existem muitas questões profundas que respondem melhor à orientação afetuosa de um terapeuta.

Por meio de exercícios de rememoração de vidas passadas você pode abrir a porta que dá para o passado, e pode começar se livrando de limitações de vidas anteriores e ter um futuro mais belo e mais cheio de amor. A exploração de vidas passadas, por meio da análise da sua vida no período de vigília e por meio dos sonhos, pode ajudá-lo a ganhar uma compreensão sem paralelo das circunstâncias de sua vida presente. No próximo capítulo apresentarei informações sobre como programar os seus sonhos visando à recordação de vidas passadas.

5

Sonhos e vidas passadas

A questão do karma é obscura para mim, como o é também a questão do renascimento... Recentemente, porém, observei em mim mesmo uma série de sonhos que pareceriam descrever o processo da reencarnação.

C. G. JUNG, *Memories, Dreams, Reflections*

É uma noção comumente aceita a de que os sonhos podem nos dar informações convincentes sobre o presente. Essas mensagens misteriosas, trazidas pela nossa mente, podem avisar-nos de um perigo, como também podem conter as sementes de uma inspiração criativa. Einstein costumava dizer que a sua teoria da relatividade lhe adveio de um sonho e, com efeito, muitos de seus descobrimentos resultaram de sonhos.

Além disso, essas visões noturnas podem fazer as vezes de uma porta que se abre para as áreas místicas da noite onde realizamos uma viagem intradimensional e estabelecemos comunicação com os reinos interiores. Elas podem ser um trampolim para a cura noturna, a viagem astral e a busca da alma. Os sonhos podem predizer o futuro e dar-nos informações valiosas sobre o passado. Constituem um modo viável, que têm os nossos guias, de comunicar-se diretamente conosco sem precisar passar pela censura da nossa mente consciente. E, o que é importante, os sonhos podem ser uma porta que podemos transpor e viajar através do tempo e do espaço para ingressar numa vida passada.

Dr. Scott Rogo, da John F. Kennedy University na Califórnia, realizou algumas pesquisas muito interessantes sobre as lembranças de reencarnação que ocorrem durante os sonhos. Ele publicou anúncios em revistas de metafísica com o intuito de encontrar pessoas que tivessem lembranças de vidas passadas, sem no entanto ter passado por alguma regressão. Em seu livro, *The Search for Yesterday*, Rogo menciona que o maior grupo de recordações fidedignas de vidas passadas provieram de sonhos.

Quando você sonha é muito menos provável que sua mente esteja confinada dentro dos limites da lógica cotidiana. Isso explica o fato de ser freqüentemente mais fácil entrar em contato com vidas passadas através dos sonhos do que por qualquer outro método. Até pessoas que não acreditam em reencarnação descreverão sonhos em que participaram de atividades em outra época da história. Isso pode ser atribuído, sem dúvida, a um filme de cinema a que assistimos recentemente ou a um livro que lemos há pouco. Existem, contudo, algumas características que distinguem os sonhos de vidas passadas dos sonhos comuns.

Os sonhos de vidas passadas parecem muito mais reais do que os convencionais. As cores são mais brilhantes. As bordas e os cantos são mais nítidos. Tudo se nos afigura muito mais vívido e claro do que nos sonhos comuns. Frederick Lenz, psicólogo da New School for Social Research de Nova York, diz em seu livro *Lifetimes* que muitas pessoas tinham consciência dos sonhos que se referiam a vidas anteriores e eram muito afetados por eles. Com muita freqüência os sonhos de vidas passadas são recorrentes. Neles há, geralmente, algumas questões não resolvidas que tentam, desesperadas, filtrar-se para chegar à consciência presente. Quando as questões não resolvidas alcançam o estado de sonho são um convite para resolvermos o conflito ou dificuldade que ficaram sem solução durante tanto tempo. E quando se conclui esse trabalho, os sonhos, muita vez, apregoarão a liberação de velhas limitações erguidas por um acúmulo de vidas passadas.

❖

Sonhos, vidas passadas e a nova harmonia

Acredito que, nos próximos anos, se registrará um aumento significativo do número de imagens de vidas passadas que aparecerão em sonhos. Nossos sonhos se tornarão, cada vez mais, filtros das questões de vidas passadas que influem em nosso presente e lutam por alcançar a resolução.

Gosto de usar uma metáfora para explicar por que nossos sonhos serão tão importantes para solucionar questões de vidas passadas. Imagine a escuridão da meia-noite no deserto. Pontilham o céu maravilhosas estrelas tremeluzentes. Um pálio celeste cintila no alto, ao passo que, embaixo, carros farejam o seu caminho ao longo de uma estrada no deserto. A maioria dos ocupantes se compraz na beleza grandiosa da noite. No entanto, alguns carros trazem o rádio ligado mas, como estão a milhas de distância de qualquer estação transmissora, não conseguem captar coisa nenhuma. Nisso, dos confins mais recuados do universo, a RÁDIO CÓSMICA começa a transmitir para a Terra.

Os que ligaram o rádio do carro começam a ouvir ruídos de estática, à medida que onda após onda de freqüências, cada vez mais altas, são emitidas para o nosso planeta. À proporção que aumenta a intensidade desses raios, a estática aumenta também, até que uma sintonia fina introduz claramente os sinais. Nesse momento, todas as tensões, mentais e físicas, se afrouxam completamente. E todos os que estão prestando atenção ouvem a música mais admirável — música tão suavizante e bela que inquietações e preocupações começam a dissolver-se. As irritações e dificuldades da vida cessam de todo, dissolvem-se, substituídas por uma sensação de paz infinita. A música especialíssima, transmitida pela RÁDIO CÓSMICA, provoca uma rememoração nas profundezas da alma. Lembrança de um lugar longínquo... cheio de uma fartura de luz, compaixão e realização.

Neste exato momento, novas freqüências e energias inundam o planeta. Para muitos, o período de sonhos será como um rádio ligado. Por causa da natureza não-linear e intuitiva dos sonhos, você "ouvirá" primeiro muitas dessas freqüências através dos símbolos e imagens que aparecem em sonhos. São os sonhos uma fonte não explorada de enorme potencial para a liberação planetária que está acontecendo. Nos meses e anos que você tem pela frente muitas imagens e símbolos de vidas passadas inundarão o seu estado onírico. Essas novas harmonias estimularão velhos bloqueios entranhados em você por diversas vidas. É como se os seus sonhos e a sua vida estivessem cheios de "estática". Quando se eliminam os bloqueios, você começa a lembrar-se de quem realmente é e a estática começa a diminuir, metamorfoseando-se numa beleza que você ainda não conhece.

Quando criança, eu tinha o mesmo pesadelo noite após noite. Via uma fornalha com a porta aberta. Via as chamas e sentia o calor intenso. Corpos de adultos e de crianças eram colocados no interior da fornalha. E todas as manhãs eu acordava sentindo uma repugnância do que vira no sonho.

Eu ficava muito preocupada com esses sonhos. Quando tinha vinte e poucos anos fui a uma psicóloga que me disse que meus sonhos de criança significavam que eu tinha ciúme de meus irmãos e irmãs mais jovens. Eu era a mais velha de quatro filhos. E acrescentou que, quando nasceram meus irmãos e minhas irmãs, fui conscientemente prestativa e carinhosa. Subconscientemente, porém, queria livrar-me deles ou atirá-los numa fornalha. Naquele tempo, eu tinha a impressão de que essa explicação continha uma dose de verdade e, como eu já deixara de ter pesadelos, fiquei satisfeita com a resposta da psicóloga.

Você ouve o que precisa ouvir em qualquer momento determinado de sua vida. Você cria aquilo de que precisa naquele instante. Mas não pode ouvir coisas enquanto não estiver preparado para elas.

No ano passado, mais de quarenta anos depois dos sonhos aterradores de minha infância, eu estava em Londres e decidi fazer uma massagem. O massagista era um ser humano notável. Senti que, quando trabalhava comigo, ele não somente me suavizava o corpo, como também chegava até a minha alma. Às tantas, no meio da sessão, ele olhou para mim e desfechou: "Você morreu em Auschwitz."

"O que foi que você disse?", tornei eu.

Ele repetiu: "Você morreu em Auschwitz."

Chocada, repliquei: "Não creio que eu seja capaz de esquecer uma coisa como essa." (Tampouco era o tipo de coisa que aquele homem teria dito a quem quer que fosse mas, de um modo ou de outro, ele se vira compelido a me dizer naquele momento.)

Expliquei-lhe que, como praticante de regressões a vidas passadas, eu me familiarizara com minhas vidas anteriores, e não me teria esquecido de uma vida tão monumental como essa. Surpresa como me achava diante da revelação que ele me fizera, eu também estava surpresa com minha resposta abrupta, quase rude.

Ele se mostrou muito meigo e humilde, e retorquiu: "Está certo... Eu talvez tenha me enganado."

E continuou sua massagem.

Entretanto, alguma coisa estremeceu dentro de mim, assim como um vulcão faz estremecer uma montanha em suas raízes. Pensei no pesadelo recorrente que tivera quando criança. Pensei nas outras pessoas que tantas vezes me chamavam de mãe judia embora não haja sangue judeu em nenhum dos ramos de minha família. Pensei no terror abjeto que senti ao chegar à fronteira alemã e ter de mostrar meus documentos antes de entrar no país, onde pretendia fazer algumas conferências. Pensei na compaixão profunda que eu sentia por todo aquele que fosse trancafiado injustamente. A Anistia Internacional, instituição de caridade que socorre os iniquamente aprisionados, é uma causa pela qual me apaixonei.

Pus-me a andar de um lado para outro, aturdida. Teria eu sido uma judia em minha última existência? Por que não me lembro de nada? Por que não me ocorre nenhuma imagem? Como posso ter esquecido uma coisa dessas? Não falei a respeito da minha experiência. O orgulho não me permitia conceber que eu estivera na Alemanha nazista e "esquecera" esse fato. Era inacreditável.

Meses depois, durante um intervalo num seminário que eu estava dirigindo, um homem procedente da Holanda aproximou-se de mim e falou-me a respeito da sua infância naquele país durante a guerra. Contou-me que era um garoto quando ele e sua mãe foram interrogados exaustivamente. Os documentos de sua mãe não estavam em ordem de modo que ela foi levada para um campo de concentração e ele nunca mais a viu.

De repente, com uma voz que não parecia sair de mim, eu disse: "Conheci sua mãe. Ela só pensava em você antes de morrer. Amava-o muito, muito."

E ambos começamos a soluçar descontroladamente. Eu estava estupefata com o que dissera, porque ainda não tinha nenhuma lembrança visual de ter estado em Auschwitz. Entretanto, alguma coisa até mais forte do que simples lembranças visuais reagira diante da história dele. Em algum lugar dentro de mim, eu sabia que falara a verdade. Eu estivera lá. Conhecera a mãe dele. E a vida fechara o círculo, de modo que se cumprira a promessa que eu fizera à mãe dele — dizer ao filho que sua mãe o amara até o fim. As promessas que fazemos são extremamente poderosas e transcendem o espaço e o tempo.

Eu estava preocupada por não "me lembrar" de ter passado uma vida pregressa num campo de concentração. Comecei, porém, a perguntar a amigos sobre suas vidas passadas para ver se conseguia obter mais algumas pistas, visto que não parecia capaz de fazer eu mesma a minha regressão. Numa viagem subseqüente à Austrália, saí para almoçar com uma senhora que morara três anos conosco em Seattle. Ela também fazia regressões a vidas passadas. Eu lhe perguntei. "Você não se lembra de ter tido alguma vida relacionada com a Alemanha nazista?"

Ela replicou: "Oh, pensei que você soubesse. Fui guarda da prisão em Auschwitz. A cultura alemã sempre me fascinou. Estudei alemão e até vivi na Alemanha quando era moça. Na minha infância cheguei a ler *Mein Kampf* nove vezes!"

Naquele momento, tive a impressão de haver puxado a alavanca do caça-níquel e ganhado o prêmio.

Lembrei-me de que essa senhora costumava usar botas pretas reluzentes o tempo todo. E lembrei-me do quanto eu detestava aquelas botas. Comecei a compreender a dinâmica que havia por trás do nosso relacionamento. Eu a conhecera na Nova Zelândia, depois de uma queda feia que eu sofrera do alto de um rochedo e que afetou a minha coluna. Apesar de mal nos conhecermos, nas semanas em que permaneci imobilizada ela me levou comida e cuidou de mim. Pude ver agora que aquilo era uma reencarnação da vida em que estivemos juntas em Auschwitz, onde, como guarda, ela se condoera dos prisioneiros e tentara cuidar deles. Não me era difícil compreender também por que eu não gostava das suas botas pretas. Se bem ela fosse boa comigo no campo de concentração, suas botas me recordavam todos os guardas nazistas.

Enquanto eu escrevia esta seção, telefonei para um amigo muito querido de minha família, que realizara extenso trabalho de regressão, para perguntar-lhe acerca de qualquer ligação que ele pudesse ter tido com a Alemanha nazista. O meu amigo me respondeu que, no momento em que eu lhe telefonara, estava lendo um livro sobre Auschwitz. E continuou dizendo que se lembrava realmente de haver estado num campo de concentração. De fato, naquela mesma noite ele estivera planejando uma peregrinação a Auschwitz, pois algo lhe dizia que estava ajudando a concluir algum negócio inacabado se fosse até lá. Perguntei-lhe se alguma coisa em sua infância o fazia crer que ele estivera aprisionado num campo de concentração. O meu amigo afirmou que, apesar de ser cristão, ele pedira a sua mãe que lhe desse uma Estrela de Davi para usar com uma correntinha ao pescoço. Lembrava-se da resposta que ele dera quando lhe perguntaram por que a estava usando: porque jamais queria esquecer a grande desumanidade que o homem praticara contra o homem.

Meu amigo também me contou que, quando foi para a Alemanha nesta vida, no momento em que cruzou a fronteira, seu relógio parou, seu barbeador elétrico pifou e uma erupção se alastrou pela sua pele. Quando deixou a Alemanha, o relógio e o barbeador voltaram a funcionar e a erupção desapareceu. Ele também é um forte defensor da Anistia Internacional. Em sua vida atual ele trabalha como voluntário no aconselhamento de prisioneiros; e diz que sente com freqüência que os prisioneiros com que trabalha agora foram guardas nazistas em sua vida passada em Auschwitz. O fato de ajudá-los agora o está ajudando (e ajudando-os também) a curar velhas feridas emocionais.

Em cada ocasião da nossa vida prevalece uma vida passada diferente e os problemas a ela associados. Nesta etapa de minha vida tenho certeza de estar lidando com questões pertinentes à minha vida passada num campo de concentração. Há muito mais peças do meu quebra-cabeça que me cabe encaixar. Ainda não tenho nenhuma imagem nem lembrança visual, mas a resposta emocional do meu corpo é tão forte que eu sei que estive lá.

Atualmente estou viajando muito pelo mundo. A Alemanha é o único país que visitei onde o público das minhas conferências é limitado e, no entanto, estou sempre voltando para lá. É como se, bem no fundo do meu coração, haja um anseio de perdoar o passado completamente — o passado que não consigo persuadir-me a recordar.

O fato de sonhar com uma vida passada pode fazer com que sejam liberados durante as horas de sono os bloqueios que apresentam barreiras nas horas de vigília. A ligação com o seu guia no transcorrer do sono pode ajudá-lo a relembrar uma vida passada (ver o Capítulo 7). Esses emissários da noite podem auxiliá-lo a abrir a porta que lhe dá livre acesso ao passado.

Antes de você continuar a buscar informações em seus sonhos, sugiro-lhe que faça os exercícios descritos à página 132. Feitos esses preparativos, os passos seguintes lhe permitirão programar e estimular seus sonhos para que possa rememorar alguma vida passada.

Como se lembrar dos seus sonhos

A ciência provou que todos nós sonhamos. Com efeito, até as pessoas que juram nunca sonhar também sonham. Acontece apenas que não se lembram dos sonhos que tiveram. Muitos sonhos permanecem em nossa consciência por dez minutos. Por isso mesmo vale a pena ter um caderno de anotações ou um gravador perto da cama para poder gravar os sonhos antes que eles desapareçam da memória. O trabalho realizado por pesquisadores do sono mostrou que os sonhos acontecem quando você está num estado muito leve, no fim de um ciclo de sono (um ciclo de sono leva noventa minutos). Por isso você não deve preocupar-se com a perda do sono durante o tempo que leva pondo por escrito os seus sonhos, pois você estará despertando no momento da conclusão normal de um ciclo de sono. Manter uma pequena lanterna ao alcance da mão quando você está deitado é mais conveniente do que acender a luz do quarto. Assim você poderá voltar a dormir mais facilmente depois de ter anotado o conteúdo do sonho.

Recordar os sonhos é como qualquer outro talento. Quanto mais você praticar, tanto maior será a sua capacidade de lembrar-se. Se quiser, poderá anotar a data e a duração dos sonhos, para assim verificar se começa a formar-se um padrão. Se quiser mais informações a respeito dos sonhos em geral, e das técnicas para rememorá-los, consulte o meu livro *Pocketful of Dreams*.

Como programar os seus sonhos

À noite, ao se deitar, procure reservar um tempo para relaxar, enquanto mantém, ao mesmo tempo, a consciência desperta. Você pode começar tornando a respiração mais lenta. Respire profunda e lentamente. Expire completamente. Alterando a respiração você pode alterar todo o seu sistema bioelétrico. Alterando a respiração você pode alterar a consciência.

Depois que começa a relaxar diga a si mesmo: "Todos os pensamentos, inquietações e preocupações estão-se desvanecendo." Imagine-se à beira de um rio dourado, que flui lentamente. Imagine-se pegando suas preocupações e colocando-as, uma por uma, no rio, em barquinhos de papel, como os que as crianças costumam fazer. Observe cada barquinho flutuando suavemente e sumindo rio abaixo. Observe cada preocupação afastar-se. Isso faz com que a sua mente livre-se de interferências, de modo que você pode ficar muito mais relaxado.

Em seguida, começando com os dedos dos pés, percorra mentalmente o seu corpo, sentindo cada parte dele relaxar. Você pode, por exemplo, inspirar, imaginando que o ar chega até o pé direito. Suspenda a respiração por um segundo. Depois, ao expirar, sinta o corpo inteiro ficar completamente relaxado. Para algumas pessoas esse relaxamento provoca uma sensação de peso tão grande que elas não conseguiriam se mover ainda que quisessem. E para outras dá a impressão de estarem flutuando sobre uma nuvem.

Depois de estar completamente relaxado, certifique-se de que a coluna está reta, e então concentre sua atenção na região posterior do pescoço. Imagine uma luz azul. Com a atenção concentrada nessa luz, diga a si mesmo:

"Essa noite viajarei para uma das minhas vidas passadas... e vou me lembrar dos meus sonhos."

Concentre-se ao máximo nesse pensamento enquanto mergulha no sono.

Essa é uma antiga técnica tibetana — embora, o que é assaz interessante, ela pudesse se basear num fato científico. A ciência moderna descobriu que os sonhos têm origem no tronco cerebral, que fica na região posterior do pescoço. A ciência também mostrou que, se concentrarmos atenção numa parte da anatomia isso aumentará a circulação sangüínea dessa área, de modo que o fato de focalizarmos a região posterior do pescoço pode aumentar o afluxo de sangue à área de cérebro onde se originam os sonhos e, assim, suscitar uma consciência mais acentuada da atividade onírica.

Enquanto programa seus sonhos, você pode concentrar-se num aspecto da sua vida que precisa de assistência e se concentrar nesse aspecto logo antes de pegar no sono. Enquanto emprega a técnica da luz azul, concentre-se na *sensação* associada ao aspecto com o qual você deseja trabalhar no sono. Enumero, a seguir, alguns aspectos com os quais você pode trabalhar.

Fobias e medos

Acredito que todas as fobias e medos que não podem ser imputados a esta vida podem estar ligados à experiência de uma vida passada. Quando você estiver prestes a adormecer, pense em algo que representa um problema em sua vida diária. Você tem medo de enfrentar seu patrão a ponto de sua vida profissional se tornar quase insuportável, pois ele vive maltratando-o? Você está constantemente preocupado com a sua saúde? Por um momento, preste atenção nas sensações físicas que esse problema ocasiona em seu corpo. Sua respiração é acelerada, seu estômago anda contraído, sua garganta apertada? Você costuma ter dor de cabeça ou tensão na região da nuca? Limite-se a prestar atenção nas sensações que provocam os pensamentos acerca do problema. A seguir, enquanto executa o exercício da luz azul, imagine que a energia dessa luz está penetrando a parte, ou as partes, do corpo em que se acumulou mais tensão. Diga, então, a si mesmo:

"Sonhos, mostrem-me a origem do meu medo no passado, e conduzam-me à resolução de todos os medos."

Mantenha a atenção na região posterior do pescoço, enquanto sente a energia infundindo-se em todo o corpo ao mesmo tempo que mergulha no sono.

Doenças e ferimentos físicos

Muitos males dos dias de hoje são uma revivescência de ferimentos ou doenças de uma vida passada. Às vezes, nossos problemas físicos atuais podem ser também símbolos do trauma de uma vida pregressa. Alguém que tem problemas respiratórios, por exemplo, pode ter tido uma vida passada em que foi sufocado até morrer. O portador de uma dor crônica nas costas pode ter levado uma vida em que achara que nunca poderia enfrentar a vida por seus próprios méritos e forças.

Como descrevi acima, na seção relacionada aos medos, preste a atenção nas sensações do corpo associadas a qualquer doença que o impeça de sentir total bem-estar. Se os problemas foram muitos e as sensações opressivas, limite-se a escolher a sensação mais intensa. Concentre-se nela por um momento, e então imagine a energia da luz azul penetrando delicadamente nessa parte do corpo, trazendo cura e alívio. Diga a si mesmo:

"Sonhos, revelem-me a origem do meu mal-estar e dos meus problemas físicos. Levem-me de volta para o tempo em que passei por esse problema pela primeira vez."

Concentre-se nesse pensamento. Coloque-o na região posterior do pescoço, em meio à luz azul, e adormeça suavemente.

Dificuldades de relacionamento

As pessoas das quais você está muito próximo ou com as quais você tem grande dificuldade de relacionamento foram, muito provavelmente, importantes para você em outras vidas (veja a seção sobre almas gêmeas no Capítulo 2). A lembrança da dinâmica de relacionamentos anteriores em outras vidas, e a constatação de que eles continuam a influir na maneira com que você se relaciona com as pessoas no presente farão com que você descubra modos completamente diferentes de se relacionar com os outros. Para programar seus sonhos com a intenção de lembrar-se dessas questões, siga os passos descritos anteriormente para lidar com medos e males físicos. Procure perceber as sensações corporais associadas às dificuldades dos relacionamentos. Quando você não consegue relacionar-se direito com alguém próximo, que partes do seu corpo são afetadas por isso? Sinta isso. E diga a si mesmo: "Meus sonhos me farão lembrar o significado que esse relacionamento tinha para mim em outra vida, e me conduzirão a uma resolução maravilhosa e satisfatória dessa questão em minha vida atual."

Bloqueios à criatividade e à prosperidade

Inúmeras pessoas criam uma vida de privações para si por um sentimento de culpa ou por um sentimento de que não merecem provar as coisas boas da vida. Muitas vezes esses sentimentos parecem não ter relação nenhuma com as atuais circunstâncias da vida da pessoa. Você talvez esteja levando sua vida da melhor maneira possível e não tem lembranças conscientes de nenhuma culpa impertinente, mas simplesmente não supera o sentimento de que não merece as coisas que deseja. Esse sentimento faz com que você fique preso a uma contínua consciência de pobreza, que não lhe deixa ser próspero em nenhum aspecto da vida. Voltando ao passado e localizando a origem dos seus sentimentos de desvalor, você pode livrar-se do círculo vicioso de carência e privação em que, de outro modo, se sentiria compelido a continuar. Além de programar seus sonhos no intuito de se livrar do trauma original da vida passada, aqui está um exercício que você pode praticar ao mesmo tempo que procura rememorar suas vidas passadas através dos sonhos.

Em vez de fixar-se nos sentimentos associados à dificuldade que encontra, concentre a atenção nos resultados pretendidos. Se você, por exemplo, está tendo problemas com dinheiro, concentre-se nos sentimentos que teria se a fartura não lhe fosse um problema. Enquanto está deitado na cama, forme um quadro claro das coisas materiais que gostaria de ter, aonde gostaria de viajar, ou quais as circunstâncias que deseja profundamente para poder gozar a vida de maneira mais plena. Relaxe pura e simplesmente e deixe a mente brincar formando essas imagens. Aprecie os panoramas, os sons e os cheiros associados às coisas que você deseja. Depois diga ao seu eu:

"Esta noite, quando eu estiver dormindo, vou me lembrar de onde e de quando passei a acreditar que não poderia ter tudo aquilo que desejo e mereço. Esta noite, meus sonhos me ajudarão a resolver meus problemas com relação a dinheiro."

Deixe que essa decisão se encha do prazer proporcionado pelas imagens de todas as coisas maravilhosas que você imaginou, e não se deixe levar pelo medo e ansiedade acerca de tudo o que acha que lhe falta atualmente. Deixe-se mergulhar no sono, certo de que essas questões serão resolvidas, e de que as coisas que você ambiciona já estão prestes a tornar-se parte da sua realidade. Mantenha essa intenção leve e alegremente na parte posterior do pescoço, enquanto executa o exercício da luz azul.

Registre os seus sonhos

Assim que você tiver um sonho, ponha *imediatamente* no papel tudo o que você recorda, por mais insignificante que lhe pareça. Quando você ingressar pela primeira vez em vidas passadas através de um sonho, pode se deparar justamente com um ou dois elementos que parecem vir de uma vida anterior. Fragmentos de vidas passadas acabam entrelaçando-se nos sonhos de tal forma que se diriam ligados unicamente a questões da vida presente. Num dos sonhos, por exemplo, você pode estar viajando numa auto-estrada, num carro esporte vermelho, olhando pela janela, quando se depara com uma pessoa que traja roupas do século XVII. É como se houvesse uma membrana semipermeável entre esta e outras vidas. Em geral, no início, apenas um ou dois elementos de uma vida passada atravessam a membrana e entram em seu sonho atual. À medida que você se torna mais hábil no trato dos seus estados oníricos, portais intradimensionais se abrirão, fazendo com que cenas inteiras ou partes de cenas inteiras atravessem a membrana e entrem na atual dimensão. Finalmente você estará apto a transpor o portal do viajante do tempo, de modo que estará completamente submerso numa vida passada. Até chegar esse momento ponha por escrito tudo o que tiver sonhado. Acredito que até os sonhos mais comuns encerram pistas das suas vidas passadas.

Analise os seus sonhos

Verifique se há alguma semelhança entre o período de vida que aparece em seu sonho e a sua vida atual. Existem pessoas naquela vida que o impressionam pela semelhança que têm com alguém em sua vida presente? Tome nota de suas emoções na outra vida; tome nota de qualquer decisão ou julgamento que tomou ou fez então. Existem padrões, hábitos ou medos naquela vida que estão presentes nesta vida? Você talvez sonhe que se perdeu na neve e está assustado. Em sua vida presente sempre evita qualquer atividade relacionada com neve. Isso pode ser uma pista do fato de você ter-se perdido na neve numa vida passada. Mas lembre-se: uma pista só não basta. Você precisa tornar-se um "detetive da reencarnação" e juntar todas as pistas para ter uma imagem clara do seu passado.

Faça uma lista de todos os principais elementos que aparecem em seus sonhos. As partes ou temas diferentes do sonho representam aspectos diferentes de você e de sua vida, mas também podem significar acontecimentos ou assuntos provenientes de vidas passadas. Eu, por exemplo, sonhei que estava num prédio constituído de pequenos cômodos. Muitas pessoas se apinhavam nesses cômodos e havia uma sensação difundida de medo, de insegurança. Os principais temas aqui seriam: (1) cômodos pequenos, (2) aglomeração e (3) sensação de insegurança. Fiz uma lista desses aspectos importantes do sonho. O passo seguinte consistia em procurar alguma correlação em minha vida atual.

Atualmente temos pedreiros em casa e a mobília de grande número de cômodos está empilhada nuns poucos aposentos. Neste momento da minha vida tenho a sensação geral de que está tudo amontoado. De mais a mais, por causa da reforma algumas portas estão fora dos seus batentes e, talvez subconscientemente, eu tenho a impressão de que a minha casa não está muito segura. Essa é uma notável explicação para o meu sonho. Ontem, contudo, fui ver o filme *A lista de Schindler,* no qual havia uma seqüência alusiva a Auschwitz. Fiquei pasmada ao ver que os quartos abarrotados com os quais eu sonhara poucas noites antes, tinham exatamente a mesma aparência dos quartos do gueto de Varsóvia em que muitos judeus se aglomeravam antes de ser enviados para os campos de concentração. Meu sonho tinha uma correlação com minha vida presente mas, ao mesmo tempo, me forneceu outra pista, visto que continuo a explorar uma provável existência durante a qual fui prisioneira em Auschwitz.

Algumas pessoas têm vidas passadas que lhes aparecem com muita clareza e riqueza de detalhes nos sonhos. Entretanto, nem todo o mundo é visual. Algumas pessoas, ao acordarem, não se lembram de imagens visuais, mas conservarão um sentimento a respeito do sonho. Se você tiver programado seus sonhos para recordar uma vida passada e desperta sem a lembrança de nenhuma imagem em particular, reserve um momento para anotar o que está *sentindo.* Pode ser que se sinta um pouco triste. Reserve um momento para pensar numa história que possa justificar essa tristeza. Ela poderia começar assim: "Essa tristeza se parece com o tipo de tristeza que alguém sentiria se houvesse perdido uma pessoa muito próxima, talvez uma criança. Não me parece que se trate do meu filho, mas do filho de outra pessoa. A criança era muito alegre e feliz. Eu gostaria de ter podido avisá-la para não chegar muito perto da cachoeira."

Quando você "criar" a história não se preocupe muito com a exatidão. Quanto mais lutar para ser *exato,* mais difícil será o fluxo das imagens do seu subconsciente.

Ponho por escrito suas "histórias" assim como as lembranças dos seus sonhos. As histórias, por vezes, parecem ter vida própria e assumem forma sem nenhum esforço de sua parte. É muito importante, todavia, fazer esse exercício no instante em que acorda. Esse é o melhor momento para o subconsciente dar-lhe informações sobre o seu passado. As pessoas me falam, a miúdo, olhando para o diário dos seus sonhos, das "histórias" que lhes acudiram no princípio da manhã, relacionadas com a lembrança dos sonhos, e que fazem com que as peças do quebra-cabeça da reencarnação comecem a se encaixar.

Continuação e interpretação dos sonhos

Outra técnica que você pode usar para compreender a ligação de uma vida passada com seus sonhos consiste em continuar o sonho depois de despertar. Chamo a essa técnica "Continuação do sonho". Para executá-la reserve vinte a trinta minutos a qualquer hora do dia. Sente numa poltrona ou numa cama em que possa reclinar-se e certifique-se de que não será perturbado. Por alguns minutos, procure relaxar completamente. Você tanto pode tornar mais profunda a respiração quanto visualizar uma cena agradável. Depois que estiver relaxado, volte ao sonho que teve na véspera, de que ainda se lembra. Mesmo que seja tão-somente um fragmento de sonho, isso servirá para este exercício. Agora volte a representar o sonho, deixando apenas que as imagens passem pela sua tela mental. Não "tente" conscientemente forçar um determinado desfecho para a cena que se desenrola. Limite-se a deixar que a imaginação vagueie livremente. Está-se formando uma "continuação" para o seu sonho.

Não fique preocupado se algumas coisas que acontecem nessa continuação do sonho não pareçam ter sentido — por exemplo, se uma rainha do século XVI usá uma coroa que é na verdade um *tupperware*. Não se esqueça de que a linguagem dos sonhos é simbólica. Sua mente adormecida é um artista que tece uma rica tapeçaria de imagens — misturando um pedacinho disto com um pedacinho daquilo. É assim que ela se comunica. O subconsciente tem muito mais coisas em comum com o poeta do que com o contabilista, e para compreender-lhe a linguagem esqueça a sua necessidade de que todas as coisas se ajustem de um modo lógico. Procure apenas captar os *sentimentos* que as imagens evocam em você.

Continue deixando que a seqüência do sonho se desenrole livremente. Se a qualquer momento você encontrar alguma coisa que o incomode, deixe-se envolver por uma bolha protetora imaginária, ou mude a série de acontecimentos de sorte que a continuação do sonho chegue a um desfecho.

Muitas vezes as pessoas, as coisas e os lugares nos sonhos têm um significado simbólico. Isso tanto é verdadeiro para os sonhos de vidas passadas quanto para os sonhos ligados, principalmente, à sua vida presente. Jung e outros pesquisadores estudaram o número espantoso de símbolos universais que as pessoas em todo o mundo reconhecem e empregam em sua arte e em sua religião, e que se mostram em seus sonhos. Eles geralmente são conhecidos como símbolos arquetípicos. Se você se deparar com alguém famoso na continuação do seu sonho, você pode, certamente, ter conhecido essa pessoa em outra vida; mas, o mais provável é que essa personagem famosa represente um símbolo arquetípico. Digamos que na continuação do seu sonho apareça Gerônimo. Seria muito provável que ele representasse a parte de você que é a "força contra todas as adversidades".

Por ser a mente humana tão grande tecelã de símbolos,

pode revelar-se uma tarefa desafiadora separar o conteúdo dos sonhos relacionados com sua vida presente dos elementos claramente originários de uma vida passada. Ademais, algumas pessoas ou objetos que aparecem em sonhos exigem uma interpretação literal, pois não se tratam de símbolos; ao passo que outras atuam como símbolos de alguma coisa ou de alguém. Tenho para mim que o mais importante aqui é confiar nos seus instintos. Seus sentimentos são o melhor guia para determinar o sentido que o sonho tem para você. O baú antigo, que se assemelha tanto ao da sua avó, parece ter alguma relação com sua família na vida presente, ou seu coração lhe diz que ele significa algo toleravelmente diferente? Falei sobre separar esses aspectos diferentes de um sonho quando descrevi meu sonho a respeito dos cômodos abarrotados.

Quando você tiver acabado a continuação do seu sonho, anote-o num diário, e adicione-o às pistas que você estiver juntando. Se quiser mais algumas informações a respeito da análise dos seus sonhos, consulte, por favor, o meu livro *Pocketful of Dreams.*

Resolva os seus sonhos

Para resolver as questões surgidas nos estados oníricos provindos de vidas passadas vale a pena imaginar que você está voltando à situação do sonho. Volte a ele imediatamente, sobretudo se foi um sonho traumático. Reviva-o, já que pode senti-lo em toda a plenitude; afaste-se dele, ou modifique o desenlace (ver o Capítulo 6). Resolva o sonho do mesmo modo com que resolve um incidente numa regressão a uma vida passada.

Mude as imagens do sonho até criar um resultado positivo em sua mente. Existe um lugar dentro de você que não reconhece a diferença entre o que você imagina e o que vive na realidade. De fato, quando você sonha, os pequenos grupos musculares de seu corpo reagem como se o acontecimento sonhado realmente tivesse acontecido. Quando sonha que está correndo, os grandes grupos musculares do corpo estão paralisados. Entretanto, sua respiração aumenta, aumentam seus batimentos cardíacos e os pequenos grupos musculares respondem como se você estivesse realmente correndo. Isso confirma a tese de que as imagens mentais são reconhecidas pelo cérebro como "reais". De modo que, se você pode recriar as imagens nos sonhos para obter um resultado positivo, você pode alterar crenças limitantes oriundas de uma vida passada. É muito emocionante o fato de termos essas oportunidades à nossa disposição no transcorrer das nossas horas noturnas.

❖

O processo do sonho

O processo do sonho baseia-se em técnicas oníricas antigas. Trata-se de uma técnica segura e fácil, e deve ser levada a cabo pouco antes de dormir. Você pode gravar a meditação em fita, para poder ouvi-la antes de ir para a cama. Fale com voz pausada, tranqüila. Se quiser, pode incluir na gravação um fundo musical. Lembre-se da importância de ter uma caneta e uma folha de papel perto da cama para registrar os sonhos.

Para iniciar esse exercício procure assumir uma posição confortável, certificando-se de que a coluna esteja reta. Faça isso agora. Muito bem.

Comece a respirar suave e profundamente... movimentos leves e fáceis. Inspire e expire. Muito bem: é como se você mesmo fosse essa respiração. Como se nada mais existisse além dela. Para dentro e para fora. Todos os pensamentos e todas as preocupações estão indo embora, enquanto você continua a respirar para dentro e para fora. A cada respiração veja-se relaxando mais e mais. Cada vez que inspira você vai mais fundo dentro de si mesmo. Imagine-se fluindo para dentro do corpo quando inspira — e para fora quando expira. Para dentro e para fora. Cada respiração o leva mais e mais para dentro de você. É como se você seguisse à deriva e flutuasse com o delicado fluxo e refluxo do universo. Sua respiração o está ligando a esse ritmo, a essa harmonia. Respire suave e regularmente enquanto prossegue na jornada para um estado relaxado, porém alerta. Deixe que a sua consciência percorra suavemente o seu corpo e perceba qualquer sensação de "aperto". Apenas repare nisso. Muito bem. Sinta essa sensação dissolver-se, como se dissolve a neve numa tarde quente de verão. Assim está bem. Siga à deriva, flutuando. Siga à deriva, flutue. Deixe a imaginação seguir à deriva e flutuar. Imagine apenas, com o olho da sua mente, uma noite enluarada. Há no céu uma formosa Lua cheia e você caminha pela areia da praia. À sua frente, banhado pelo luar, um leito suntuoso. Luxuoso e volutuoso. Os travesseiros são macios, redondos e firmes. Passe algum tempo imaginando o leito, fazendo-o tão real quanto possível. Faça dele o seu leito perfeito. Imagine-o realmente.

Agora, lenta e sensualmente, arraste-se para a cama. Repare na opulenta fofura dos travesseiros. Sinta a sedosa suavidade dos lençóis enquanto desliza facilmente por baixo deles. É tão gostoso estar nessa cama! Bafejado pelos sons delicados da cadência do mar, à medida que as águas fluem e refluem, você se descobre flutuando à deriva num sono cada vez mais profundo.

A seguir, desvie a atenção para o seu corpo atual. Concentre-se na sensação que os lençóis provocam na sua pele. Repare na sua cabeça reclinada sobre os travesseiros. Deixe-se perceber também os sons da noite. Atente para os sons do seu próprio corpo. Enquanto se concentra no som da sua respiração, saiba que essa noite é especial. Em algum lugar, na magia noturna, acontecerá uma metamorfose. Você sabe que será suavemente transportado de volta a outro lugar... outro tempo. Será levado de volta a uma de suas vidas passadas. Sabe que uma porta para o passado surgirá em seus sonhos. Enquanto o corpo dorme, o espírito viaja pelo tempo e pelo espaço, dançando entre as estrelas e conhecendo encarnações passadas.

Imagine agora que você avança no tempo para a época em que você está prestes a acordar. Seus sonhos ainda estão muito nítidos. Imagine que, sem esquecer as imagens dos sonhos, você rola na cama e os anota em um papel — sonhos que têm a chave de sua vida passada.

Você pode agora voltar sua atenção para o seu corpo físico e despertar, ou pode voltar a dormir.

Repita esses exercícios muitas e muitas vezes. Faço votos para que você se saia bem em suas viagens interiores.

6

Soluções: como eliminar os bloqueios de uma vida passada durante a regressão

Depois que você tiver ingressado numa vida passada, seja em sonho, seja durante o estado de vigília, não é raro descobrir alguma coisa desagradável que exija uma solução. Um dos principais benefícios que se auferem da regressão a uma vida passada é você poder, afinal, livrar-se dos obstáculos que têm bloqueado a compreensão do seu potencial, ao longo de muitas vidas. Entretanto, você precisará aprender algumas técnicas para fazer isso. Descreverei certo número de exercícios simples para você fazer sozinho ou com alguém em cuja companhia você se sinta seguro. Não deixe de procurar ajuda profissional se achar que ela lhe pode ser necessária. Aqui estão algumas opções que se podem empregar. Você talvez queira tentar diversas ou todas, a fim de averiguar qual delas funciona melhor no seu caso.

❖

Sinta a emoção

Algumas pessoas dirão: "E se eu fizer os exercícios e acabar regredindo a uma vida assustadora — ou se eu tiver um pesadelo relacionado com uma vida passada?"

Em vez de ficar paralisado diante dessas emoções, disponha-se a *senti-las*. Depois que fizer isso, o medo desaparecerá. Quando você vai ao cinema, por exemplo, para assistir a um filme de terror, você paga para sentir medo. Você saiu da sua casa para criar uma experiência assustadora para si mesmo. Depois que tiver pago o funcionário para dar uma volta na montanha-russa e ficar completamente aterrorizado — berrando feito um possesso durante toda a volta —, lembre-se de que foi *você* quem saiu correndo para entrar na fila.

Não receie as emoções que pode sentir ao entrar em contato com uma vida passada em sonhos ou durante o período de vigília. Ninguém se disporia a ouvir uma sinfonia na qual só uma nota seria executada. Uma sinfonia precisa ter milhares de notas — pontos altos e pontos baixos, crescendos e desfechos. A vida é como uma sinfonia — goze suas emoções, os seus altos e baixos. Cada emoção é como uma nota preciosa de uma sinfonia. Quando reviver uma vida passada, saboreie e explore cada emoção que surgir.

Se você se vir preso a uma emoção, não a renegue nem tente livrar-se dela mas, pelo contrário, mova-se na direção dela e deixe-a envolvê-lo. Imagine o seu corpo girando, deixando a emoção fluir em toda a sua volta. Aumente essa emoção. Por exemplo, se descobrir uma vida em que você ficou arrasado com a morte de sua amada, em vez de tentar não sentir a tristeza e reprimi-la — que foi o que fez na ocasião — deixe-se ficar ainda mais triste.

Vá para o âmago do sentimento de tristeza e sinta-a. Descubra os lugares do corpo em que reside a tristeza, e deixe-se sentir ainda mais essas sensações. Isso o fará começar a se livrar de qualquer decisão que lhe tenha criado barreiras.

As emoções reprimidas permanecem com você vida após vida e criam bloqueios em sua vida, de modo que é importante senti-las. Existe, todavia, uma diferença entre *dramatizar* e *sentir* as emoções. Quando comecei a fazer seminários sobre a terapia das vidas passadas, muitas pessoas, durante os processos, desatavam a chorar ou a soluçar, às vezes de modo muito dramático. Presumi que isso fosse em grande parte importante para os resultados positivos que elas tinham conseguido. Entretanto, fiz um seminário sobre vidas passadas em Vancouver, no Canadá, e ninguém chorou desatinadamente. Fiquei aborrecida, porque supus que o seminário não tinha surtido efeito e que ninguém se beneficiara da terapia. Mas depois fiquei surpresa ao receber dos participantes um sem-número de cartas acerca dos resultados que eles estavam conseguindo em decorrência daquele seminário. Achei que aquilo não passava de uma feliz coincidência, mas no meu seminário seguinte, em Toronto, aconteceu a mesma coisa. E é isso que tem ocorrido desde então. Pouquíssimas pessoas se descontrolaram emocionalmente, mas relatam-se muitos resultados positivos surpreendentes. Na realidade, os resultados eram muito mais surpreendentes do que na época em que todos passavam por uma catarse no seminário. À medida que eu investigava o fenômeno, percebi que, em vez de exteriorizar e dramatizar suas emoções, os participantes estavam indo à fonte delas e sentindo-as de verdade. Por vezes, a dramatização das emoções pode, com efeito, manter a pessoa separada dessas emoções. Recentemente conheci uma mulher que chorara muito, quase todos os dias, durante vinte anos, a morte do marido. Quando ela fez uma viagem interior e chegou à origem da sua tristeza, pôde sofrer verdadeiramente pela primeira vez em vinte anos. Ela "sentiu" a dor em lugar de exteriorizá-la e conseguiu se livrar completamente da tristeza. Descobrindo o lugar do corpo em que reside a emoção, chegando ao âmago dela, você pode cortá-la pela raiz.

Eis um exercício que você poderá fazer toda vez que começar a sentir qualquer emoção desagradável durante suas regressões a vidas passadas. É parecido com o exercício denominado Sensação do Corpo, apresentado no Capítulo 4, embora aquele sirva para você relembrar uma vida passada. Este exercício faz com que você libere emoções que tenham ocorrido durante a recordação de uma vida passada.

Comece viajando pelo seu corpo. Para você saber se tem ou não uma emoção reprimida, procure averiguar se há uma sensação no corpo associada a essa emoção. O seu peito, por exemplo, pode ficar apertado quando você sente tristeza e seus ombros podem enrijar-se durante um acesso de cólera. Talvez o surpreenda saber que nem todas as pessoas associam as mesmas sensações corporais a determinadas emoções.

Depois de localizar no corpo a emoção que você está sentindo, procure concentrar toda a atenção nessa parte do corpo, e tornando mais forte a sensação física que experimenta. Por exemplo, se você está sentindo um aperto no peito, aumente a sensação de aperto no peito. Sinta-a ainda mais. Geralmente, quando sentimos uma emoção, fazemos tudo o que podemos para suprimir os sentimentos associados a ela. Isso, na verdade, faz com que a emoção fique mais impregnada ao corpo, pois aquilo a que você resiste... persiste... Dessarte, quanto mais você *resistir* às suas emoções, mais suas emoções negativas controlarão sua vida e mais *persistirão* em sua matriz bioenergética. Dramatizar emoções e entrar em catarse não significa forçosamente "sentir" as emoções, donde se depreende que você deve concentrar toda a atenção nas sensações do corpo.

Enquanto você concentra a atenção na sensação de seu corpo associada a uma emoção, repare na forma que a emoção/sensação parece assumir. O aperto no peito associado à tristeza, por exemplo, pode dar a impressão de assumir a forma de uma pêra, com a extremidade mais fina apontando para baixo. Enquanto você continua a concentrar a atenção no peito, repare bem no tamanho da emoção. A "pêra" pode dar a impressão de medir cerca de 6 polegadas de largura por 8 de comprimento. A seguir, verifique se a "pêra" tinha cor e qual seria ela? (Não é por acaso que as pessoas associam cores às emoções como, por exemplo: "Está tudo azul na minha vida." "Ele está verde de inveja." "Quero esquecer aquele dia negro." "Ela ficou vermelha de raiva.")

Continue a formular para si mesmo estas perguntas:

- Que sensação física estou sentindo que possa estar associada a esta emoção? (Às vezes a sensação física se transfere para outro lugar do corpo. Siga-a aonde quer que ela vá.)
- Se a emoção tem uma forma, que forma ela terá?
- Se a sensação tem um tamanho, de que tamanho ela é?
- Se a sensação tem uma cor, de que cor ela é?

Continue a intensificar o que você sente. A cor, a forma, o tamanho e a localização mudam enquanto você procede ao exame... mesmo assim, continue a investigar suas emoções a fundo. Em geral, a simples prática desse exercício é o bastante para você começar a se livrar de emoções desagradáveis, surgidas durante a experiência de vida passada. Não raro, emergirão, espontaneamente, lembranças de outra vida passada enquanto você faz o exercício. Essas lembranças geralmente contêm lembranças mais antigas de acontecimentos similares. Assim como um acesso de cólera aos vinte anos pode ser decorrência de um acesso de cólera aos três anos, assim também o trauma de uma vida passada com a qual você trabalha pode ter tido origem numa vida anterior semelhante. Portanto, não se surpreenda se você for catapultado para outra vida. Isso é bom porque, desse modo, você acabará encontrando a fonte da dificuldade que tem hoje.

❖

Distancie-se da vida passada

Se você se sentir, durante a regressão, numa situação que envolve emoções muito pouco agradáveis, imagine-se flutuando acima da cena. Limite-se a observá-la. Afaste-se do ponto de vista que você mantinha na ocasião. Uma técnica que sugiro com freqüência é representar o incidente em alta velocidade, como num filme antigo de Charlie Chaplin. Em seguida, faça o incidente voltar para trás também em alta velocidade. Portanto, se você se vir correndo e caindo de um rochedo, veja-se correndo e caindo muito depressa e, logo, saltando do chão, voltando ao topo do rochedo e correndo para trás! Esse exercício pode começar a amenizar o trauma emocional decorrente do acontecimento e lhe permitirá se desligar desse trauma.

Quando você se distancia de uma situação, esse afastamento faz com que você passe a ver a situação de uma perspectiva mais sensata do que a sua limitadíssima perspectiva subjetiva. Beryl relembrou uma vida em que perdeu o marido, vítima de uma infecção contraída enquanto trabalhava no jardim da casa deles. Em sua regressão, ela sentiu uma tristeza muito grande, mesclada de culpa. A tristeza devia-se à perda do marido e a culpa ao fato de que ela, embora fosse então capaz de cavar a terra do jardim, alegara não ter força suficiente para fazer isso. Se bem a culpa, naturalmente, não fosse sua, sentia-se culpada, e isso lhe chegara à vida presente. Quando ela se distanciou da cena e flutuou acima dela, para lograr uma perspectiva mais ampla, viu que o seu grande amor pelo marido acabava, às vezes, prejudicando os filhos. Às vezes, ela se descuidava das necessidades destes para estar com o marido. Depois da morte dele pôs-se a cuidar melhor dos filhos e a dar-lhes a atenção e o amor de que eles necessitavam, de modo que puderam crescer e tornar-se adultos felizes. Quando ela se distanciou da cena deixou de se culpar pela morte do marido e chegou à compreensão de que tudo tem um propósito, ainda que não o compreendamos no momento.

Quando você se afasta de uma cena, pode flutuar sobre ela ou assisti-la como se estivesse assistindo a uma peça de teatro ou a um filme. Se ela for muito traumática, você poderá assistir você mesma observando a cena, de modo a afastar-se ainda mais da situação.

O fato de afastar-se de uma cena de vida passada lhe facilita a compreensão de que toda vida, toda experiência que você tem, o faz crescer... e toda experiência é importante para a sua evolução como alma. Acredito que o Espírito se importe menos pelo seu bem-estar do que pelo seu crescimento pessoal, nem que isso signifique passar por experiências difíceis; nem que isso signifique quebrar um braço ou perder um marido. A linha fundamental que gera a sua experiência é a que lhe enseja o maior crescimento.

Outra maneira de você se distanciar de uma vida passada pouco agradável é fazê-la parecer ridícula. Procurou-me uma cliente que sempre se sentira intimidada pelos homens. Era uma mulher madura, responsável, mas, assim que se via perto de um homem, começava a proceder de um modo submisso e infantil. Ela regressou a uma vida em que tivera um pai excessivamente severo e dominador e reparou no fato de que, sempre que estava em companhia de homens, ativava a lembrança da menininha meiga que fora numa vida passada. Em sua exploração dessa vida passada chegou a um ponto em que viu o pai castigando-a severamente. Sugeri-lhe que o imaginasse de pé diante dela vestindo cuecas de bolinhas vermelhas e usando um chapéu ridículo na cabeça. Ao mesmo tempo, devia imaginar uma porção de gente passando perto deles e caindo na gargalhada. De repente, ela também começou a rir, e deixou completamente a sua infantilidade para trás. Essa sessão mudou-lhe completamente a atitude para com os homens.

❖

Mude as circunstâncias da vida passada

Descobri que a técnica mais eficaz para acabar com uma lembrança desagradável de vida passada consiste em mudar as circunstâncias dessa vida até que elas se tornem agradáveis ou prazerosas. Acredito que você pode realmente mudar o passado mas, se você não conseguir aceitar isso, imagine então que está mudando as imagens que despertam em sua mente. Enquanto muda as imagens mentais, imagine-se mudando as crenças negativas associadas a essa vida. Você se lembra do exemplo que lhe dei do rapaz perseguido pelos amigos até uma ravina porque estes acharam que ele estivesse ridicularizando o rei? Imagine-o modificando essa lembrança de vida passada. Ele pára de correr e enfrenta a situação. Os que o perseguiam também param. Eles se mantêm a distância. Depois, todos os participantes da cena estouram numa gargalhada. Mudando sua imagem mental de ser ferido por ter falado o que pensava, modifica a convicção interior que desenvolvera, e segundo a qual "Se eu disser o que realmente penso, serei agredido". Quando sua convicção limitante se modifica, modifica-se-lhe a vida. Para um homem convencido de que, se falar a verdade será castigado, ele criará circunstâncias para validar essa crença subconsciente. Mude suas crenças subconscientes e o mundo à sua volta parecerá mudar.

Um exemplo, tirado de uma carta que me foi remetida depois de um seminário sobre vidas passadas, mostra o poder da atitude de alterar as lembranças de uma vida anterior.

> Eu gostaria de contar a você, Denise, uma vida passada de que tomei consciência durante o seu seminário de fim de semana sobre vidas passadas. A lembrança dessa vida teve um impacto enorme sobre minha vida de agora. Nesta vida, meu filho, que nasceu com o cordão umbilical enrolado no pescoço, sempre foi muito chorão. Hoje, com três anos de idade, ele tem um problema de fala que o faz repetir muitas vezes as mesmas palavras da sentença. Por exemplo: "O gato, gato, gato, gato está correndo, correndo muito, muito, muito, muito depressa, depressa."

Na vida passada que revivi no "Seminário de jornadas a vidas passadas" meu filho e eu éramos índios americanos. Eu era a mãe e meu filho tinha em torno de onze anos de idade. Estávamos ambos separados da nossa tribo quando fomos atacados por outra.

Na regressão à vida passada eu estava enfrentando vários atacantes. Ficou evidente para mim que eles pretendiam me matar e torturar meu filho. Enraivecida, tentei convencê-los a deixar meu filho em paz. Quando ficou claro que isso não estava nos planos deles, voltei-me para o menino e ambos olhamos fundo nos olhos um do outro. Meu filho, num ápice, compreendeu o que eu pretendia fazer, de modo que os dois gritamos e eu o estrangulei.

Não sei por que, mas eles não me mataram e vivi o resto da vida com a angústia de haver matado meu filho. No correr da regressão, alterei o resultado (como você mesma sugeriu). Vi um sem-número de imagens de belos cristais, total segurança e, entre nós, uma comunicação maravilhosamente aberta e clara. O que, para mim, foi muito emocionante.

Mais emocionante ainda foi quando voltei para pegar meu filho em casa de minha mãe e ela me contou que, num determinado ponto do fim de semana, meu filho fora para o quarto e se pusera a soluçar. Os soluços continuaram durante quase trinta minutos... era como se ele não conseguisse parar. Isso aconteceu no momento exato em que eu estava entrando em contato com a nossa vida juntos como índios.

Estou-lhe escrevendo tudo isso precisamente uma semana depois do seminário; meu filho deixou de repetir as palavras em suas sentenças e as choradeiras diminuíram. Eu me sentia tão exasperada com os berros dele que tinha vontade de pôr as mãos em seu pescoço. Embora eu nunca tivesse feito isso, o impulso para fazê-lo era muito forte — quase irresistível.

Essa regressão foi um momento decisivo para mim e para meu filho. Senti-me realmente emocionada e enriquecida por esse seminário. Muito grata por um fim de semana especialíssimo.

A alteração das circunstâncias de uma vida passada, que tanto ela quanto o filho reviviam muitas e muitas vezes, não somente alterou o modo com que ela via o filho, mas também alterou o comportamento dele!

Aqui está outra carta que mostra a vantagem de mudar as circunstâncias de uma vida passada traumática.

Cara Denise,

Eu fui uma das várias centenas de pessoas que participaram do seu Seminário em Sydney sobre vidas passadas, no mês de novembro. Você talvez se lembre de mim como a mulher que lhe deu um livro durante o seminário. O motivo que me leva a escrever é contar-lhe as incríveis ocorrências que se verificaram alguns dias depois do seminário.

Quando meu marido e sua primeira esposa se divorciaram há onze anos, ele teve uma experiência muito dura, pois se viu obrigado a deixar de ver os filhos, sobretudo o filho caçula que, na ocasião, tinha sete anos. Meu marido é uma pessoa muito especial e o fato de não poder ver os filhos foi extremamente dolorosa para ele.

Durante uma das regressões de fim de semana, concentrei-me na idéia de que, se eu tivesse feito parte da família anterior de meu marido numa vida passada, eu gostaria que me dessem alguma introvisão e entendimento a esse respeito. Bem, ainda não estou exatamente segura do papel que representei na vida passada que visitei, a não ser que me vi confortando um velho agonizante. Ele não estava morrendo de velhice, mas de tristeza, censurando-se pela morte, por afogamento, de seus três filhos. Vi que o velho homem era meu atual marido. Você nos disse que poderíamos mudar o que nos perturba, de modo que alterei a situação passando para o futuro daquela vida, onde era eu quem agonizava, confortada pelo velho e pelos três filhos, que com ele formavam uma família muito unida e muito feliz. Aparentemente, isso teve efeito sobre o presente! Hoje, o filho mais novo, como que por um passe de mágica, telefonou avisando que nos fará uma visita amanhã. Essa é a coisa mais auspiciosa que ocorreu em onze anos! Na noite passada, falei a meu marido a respeito da regressão e, posto que ele seja cético, tem a mente aberta. Puxa! Por isso lhe agradeço, Denise. A vida não é maravilhosa quando se sabe que o amor é tudo o que importa?

Como mostra esse exemplo, mesmo que você não tenha conhecimento de todos os pormenores de sua vida passada, o fato de alterar as circunstâncias pode surtir um efeito muito enriquecedor em sua vida.

Aqui está um exemplo tirado de minha vida que revela, passo a passo, o mecanismo pelo qual é possível mudar as lembranças de uma vida passada.

Quando minha filha, Meadow, era mais nova, perguntei-lhe se eu poderia testar com ela uma nova técnica de relaxamento, antes de aplicá-la em meus clientes. Eu precisava segurar-lhe o pulso mas, quando fiz isso, ela reclamou: "Mamãe, você sabe que eu não gosto de que toquem nos meus pulsos. Na realidade, não posso mesmo nem olhar para eles porque quando vejo as veias, me sinto mal."

Ela nunca havia me dito aquilo antes, mas prossegui com o processo de relaxamento.

Quando ela relaxou, achei que podia aproveitar a oportunidade para verificar se poderia chegar à origem da dificuldade dela. E sugeri: "Imagine uma situação que possa se relacionar com os seus pulsos."

(A propósito, as crianças têm muita facilidade para regredir a vidas passadas. Os adultos desenvolvem uma espécie de barreira à própria intuição, de modo que costumam achar mais difícil sujeitar-se à regressão.)

"Mamãe, vejo um deserto. Eu moro no deserto."

Perguntei-lhe: "Você é um homem ou mulher?"

"Sou um rapaz. Tenho uma crença religiosa à qual me sinto muito ligado. É uma crença boa. Quero falar a todo o mundo sobre ela. Sei que ela ajudará a todos. Estou agora num vilarejo para falar com toda a gente acerca da nova crença. Mas não querem me ouvir. Na verdade, estão ficando muito zangados. Oh, não!"

"Que aconteceu?"

"Estão-me amarrando. Cortaram meus pulsos. Estou vendo o sangue fluir lentamente para fora do corpo. Estou amarrado, de modo que não posso estancá-lo."

"Mas você pode mudar a experiência", retruquei-lhe. "Pode reencená-la e dar-lhe um desfecho positivo."

"Está bem. Já comecei a reencená-la... Viajei por todo o deserto para falar aos aldeões sobre minha nova religião. Todos os que me cumprimentam estão felizes por conhecerme. Todos parecem realmente interessados em falar comigo e descobrir as minhas crenças. Quando eu deixar a aldeia terei feito uma infinidade de bons amigos."

"Como se sente?"

"Sinto-me ótimo. É bom saber que posso realmente contar às pessoas como me sinto."

Tudo isso aconteceu em cerca de vinte minutos. Minha filha voltou da experiência sentindo-se animada e rejuvenescida. Pedi-lhe que olhasse para as veias do pulso. Ela confessou-me que se sentia pasmada porque podia agora olhar para elas sem sentir engulhos. Até aquele dia ela sempre hesitara muito em dizer como realmente se sentia acerca de alguma coisa. A partir desse dia, porém, ocorreu uma coisa notável: ela começou a revelar aos outros os seus sentimentos, a partilhar com eles seu ponto de vista pessoal. A Guerra do Golfo estourou logo depois e Meadow concitou os cinqüenta alunos da sua classe a fazer com ela uma passeata contra a guerra. Alguns alunos concordaram, ao passo que outros discordaram com veemência. A guerra era alguma coisa a cujo respeito ela acalentava sentimentos muito fortes, e estava desejosa de que outras pessoas soubessem como se sentia. Para mim, isso foi um milagre menor. Acredito que a nossa sessão de vinte minutos tenha sido muito mais importante.

Algumas pessoas se preocupam com a possibilidade de que, alterando o passado, possam vir a influir negativamente no presente. Perguntarão elas:

"Se eu alterar o passado e, por causa disso, minha mãe jamais conhecer meu pai, eu deixarei de existir?"

Embora essa espécie de pergunta seja interessante para mim, do ponto de vista filosófico, na prática descubro que a alteração de uma vida passada traumática sempre exerce um efeito positivo em todo o mundo. Parece-me que, ao resolver um bloqueio emocional do seu campo de energia, você cria uma ressonância que afeta positiva e profundamente os outros também. Acredito que você *pode* modificar o passado. E ainda que fique provado que estou errada e que você, na verdade, não modifica o passado, a simples mudança em seu cérebro de imagens associadas a crenças negativas exerce um efeito benéfico e enriquecedor sobre a vida.

❖

Veja a cena de outro ponto de vista

Outra técnica para resolver qualquer situação de uma vida passada consiste em imaginar que você está saltando para dentro da mente ou do corpo de alguém que se acha presente. Veja toda a situação desde o ponto de vista dessa pessoa. Quando faz isso, você geralmente perdoa os atos dos outros, porque reconhece que reagiria da mesma maneira se estivesse no lugar deles.

Embora eu não consiga aceitar os atos do homem que me alvejou, foi enormemente benéfico para mim imaginar que eu estava na consciência dele. Achei que ele praticamente não podia deixar de matar gente, da mesma maneira que um alcoólatra tem grande dificuldade para resistir a outro copo de bebida. Percebendo a realidade através dos olhos dele, foi muito mais fácil para mim perdoá-lo. Isso foi muito valioso para mim uma vez que o ressentimento estava me corroendo.

Outro exemplo interessante é o caso de Charles. Charles brigava com o irmão mais novo aparentemente desde o nascimento deste último. A briga continuou depois que eles se tornaram adultos e as discussões dos dois afetavam toda a família, uma vez que cada um tentava fazer com que os outros membros da família concordassem com seu modo de ver as coisas. Charles, no entanto, se deu conta de que as alterações se tornavam cada vez mais improdutivas e prejudicavam muitas áreas da sua vida. Ele participou de um seminário sobre vidas passadas que dirigi na Nova Zelândia e, durante uma sessão de regressão, lembrou-se de uma vida pregressa em que fora contador na Dinamarca e o irmão de hoje o seu exigente e altercante patrão. Na regressão, ele aceitou e pôs em prática minha sugestão de presenciar a cena desde o ponto de vista de outra pessoa. Imaginou estar olhando para o mundo com os olhos do seu empregador. De súbito, compreendeu que o antigo patrão sentia uma dor lancinante nas costas que lhe tornava dolorosos todos os movimentos. Devido a essa dor ele vivia mal-humorado e tratava os empregados com excessivo rigor.

Charles compreendeu que o seu chefe não conseguiria mudar seu modo de agir porque o seu humor era muito influenciado pela dor constante. Ele começou então a sentir pena do patrão/irmão. (Cumpre notar que o irmão, na vida presente, sofria de um problema nas costas.) Charles relatou tê-lo visto poucos dias depois do seminário e ter ficado espantadíssimo ao constatar que havia muito menos animosidade entre eles. A partir desse dia, o relacionamento entre os dois passou a ser mais e mais estreito.

O trabalho com os bloqueios de vidas passadas é um dos mais compensadores que você pode fazer. Muitos clientes contaram que passaram a sentir muito mais contentamento e alegria do que o haviam sentido até então. Mas a estrada pode ser árdua e pedregosa para quem ainda não terminou sua jornada. Fale do seu sofrimento com alguém que se preocupa com você, ou procure ajuda profissional se achar que deve fazê-lo, e saiba que o que o espera do outro lado compensa o esforço. Livre dos bloqueios e das amarras que até este momento o oprimiram, você será finalmente capaz de chegar às alturas com que sempre sonhou!

7

Guias espirituais, anjos e vidas passadas

Todos nós temos guias, quer saibamos disso quer não, e as pessoas que se comunicam conscientemente com seus guias contam com enormes recursos para explorar. Os guias chegam até nós procedentes do mundo do Espírito. Eles têm uma perspectiva única do universo, da criação, da vida e do amor eterno. Seres não-físicos ou entidades que nos concedem orientação, assistência e amor, eles podem ser professores ou protetores, assim como podem ajudar a abrir nossos caminhos e a liberar o velho karma de uma vida passada. Recordam-nos o mundo que se estende além do "aqui e agora". Os guias podem ser de grande valor para você entrar em contato com vidas passadas.

As pessoas podem ter vários guias no transcorrer de uma vida. Eles surgem e partem nos momentos críticos da nossa vida, ou permanecem constantemente conosco durante um longo período de tempo. Cada guia tem sua própria personalidade, sua própria meta, sua própria perspectiva e seu próprio estilo de comunicação. Cada pessoa terá uma experiência diferente. Um guia pode aparecer na quietude da meditação ou pode se manifestar como uma presença invisível e afetuosa, que você sente ao seu redor quando exerce suas atividades cotidianas. O guia pode aparecer-lhe num devaneio durante o dia ou num sonho à noite — como uma pessoa que veste trajes de época, ou como um animal. O guia pode se manifestar como uma sensação, uma luz, um som, ou até como um simples "conhecimento" intuitivo de que ele está presente.

A meu ver, os guias são seres espirituais verdadeiros, que existem em planos mais elevados de consciência e estão trabalhando para auxiliar a nossa evolução. Os seus guias, em geral, estiveram com você em outras vidas e já concluíram sua existência no plano da Terra; encontram-se agora no mundo espiritual, assistindo-o em *sua* jornada de vida.

Algumas pessoas, entretanto, não encaram os guias como entidades espirituais dotadas de consciência senão como parte delas mesmas. Acham que os seus guias são o seu "eu superior" personificado. Conquanto vejam no guia um meio de ter acesso à própria intuição, entendem que ele é, na realidade, uma parte delas com a qual não estão normalmente em contato. Os psicólogos costumam partilhar esse ponto de vista, explicando que os guias são aspectos de nós mesmos que ainda não "tomamos posse", nem integramos em nossa personalidade.

Não acredito que esses dois pontos de vista se excluam. Não acredito que haja alguma coisa "lá fora" que, de um modo ou de outro, não seja você. Os seres espirituais são você, assim como são você o céu, o mar e as estrelas. Acredito que cada pessoa em nossa vida, tenha ou não tenha corpo físico, representa um aspecto de nós mesmos. Num sentido mais amplo, cada pessoa em minha vida é uma parte de mim mesma. Seja qual for a realidade, muitos terapeutas de vidas passadas atribuem enorme valor ao trabalho com guias — afirmam que é muito mais fácil entrar em contato com vidas passadas quando, antes de qualquer outra coisa, se coloca o paciente em contato com o seu guia. Tenho ouvido sistematicamente esse parecer da boca de terapeutas de vidas passadas no mundo inteiro.

❖

Que fazem os guias?

Os guias são seres espirituais tão interessados em nós quanto nós nos interessamos por eles. Se você tem um problema e, de repente, uma solução lhe surge do nada, isso é, freqüentemente, um sinal de que houve a intervenção de um guia. Momentos de inspiração podem resultar da assistência de um guia. As vezes em que você se sente deprimido e, então, de repente, se reanima (mais uma vez por nenhum motivo aparente), isso também pode indicar a intercessão de um guia. Os guias concorrem para a criatividade, a prosperidade e a cura e ajudam a harmonizar relacionamentos difíceis. Ajudam-no também a desenvolver qualidades pessoais, como o perdão, a aceitação e o amor. Como seus protetores, eles ajudam-no a evitar situações perigosas. Os guias podem até favorecê-lo em questões mais mundanas, como, por exemplo, conseguir vagas para estacionar, achar objetos perdidos ou escolher o vestido certo quando você está fazendo compras. E você pode valer-se de um guia para estabelecer contato com vidas passadas.

Além do auxílio que ele nos presta nos processos de rememoração de vidas passadas, uma das principais razões do contato com um guia é que ele nos faz compreender que existem dimensões além da nossa existência física terrena. Os guias nos dão uma visão mais ampla, além da nossa humanidade, e podem ser uma fonte de inspiração espiritual.

Menos conhecido, todavia, é o fato de que, em troca desses presentes provenientes do outro lado, nós oferecemos muita coisa aos guias. Assim como estamos evoluindo e crescendo ao trabalhar com os desafios que a vida nos depara, assim também nossos guias estão evoluindo. E fazem-no com o trabalho que realizam conosco. Você não pára de evoluir depois que morre, e os guias evoluem do mesmo modo que nós.

❖

Informações acerca dos guias

Afiança a tradição metafísica que, se um espírito diz alguma coisa, aquilo só pode ser verdade. Eu gostaria de afirmar que, só pelo fato de morrer, ninguém se torna, automaticamente, o sábio da montanha. Se ele foi um tolo quando era vivo, com toda a certeza será um tolo depois de morto.

Existem entidades do outro lado desesperadas por comunicar-se, e elas tagarelarão interminavelmente sejam ou não as suas informações fidedignas ou mesmo exatas. Entidades há que não são mais sábias nem mais claras do que qualquer um dos nossos vizinhos. Por exemplo, embora você possa ter em alta conta a opinião de um vizinho seu, você não deixaria necessariamente tudo para trás e embarcaria para o Taiti, ainda que ele o aconselhasse a fazer isso. Quando um guia lhe dá um conselho, é muito certo questioná-lo e até rejeitá-lo. Os guias são como os amigos, e é importante compreender que ambas as categorias têm suas próprias opiniões e gostam de fazer piadinhas. Esses seres desencarnados nem mesmo concordam necessariamente entre si. Se você comparar o testemunho de guias diferentes, canalizados através de médiuns, por exemplo, chegará à conclusão de que eles muito raramente são da mesma opinião.

Ponha à prova qualquer informação à luz do seu próprio saber interior. Se ela for útil, aceite-a como sua. Se não for, deixe-a de lado. O importante é não esquecer que *você* está fazendo a escolha — é a *sua* decisão. E, finalmente, *você* é responsável pelo resultado de todas as escolhas que fizer.

Os guias são fontes eficazes de conselhos; entretanto, não se torne dependente demais deles, caindo na armadilha e pedindo-lhes conselhos continuamente sobre cada aspecto de sua vida. Por mais valiosos que sejam os guias, parte importante da sua evolução é deixar de depender deles e confiar no seu próprio conhecimento interior. Quando você faz isso, você estabelece contato com o seu eu superior — essa parte sua que continua depois que o corpo é deixado para trás. O seu eu superior é a sua ligação direta com o Espírito ou Deus.

❖

Tipos de guias

Existem muitos tipos de guias. Lembre-se de que semelhante atrai semelhante, de modo que os seus guias refletirão sempre um aspecto seu — embora isso nem sempre seja óbvio. Sei de um caso em que uma mulher robusta, que ensinava técnicas de defesa pessoal, surpreendeu-se ao descobrir que o seu guia era muito suave e feminino. Ela estava esperando um *viking* ou, pelo menos, um guerreiro samurai. Mas compreendeu que o seu guia vinha oferecer-lhe equilíbrio em sua vida. Da mesma forma, alguém que seja muito desorganizado e extravagante pode conseguir um guia do tipo bibliotecário — mais uma vez para oferecer equilíbrio.

Os guias podem ser fadas também. Os anjos podem ser guias. Embora sejam excelentes transmissores do amor universal, estes nem sempre estão equipados para lidar com problemas terrenos. As pessoas originárias de culturas que honram os espíritos de seus antepassados serão freqüentemente acompanhadas de antepassados que fazem as vezes de guias.

Lembre-se de que o importante não é a forma assumida pelo guia, nem o seu modo de comunicação. A importância reside no valor da informação que lhe é transmitida. Depois que você tiver estabelecido um relacionamento com os seus guias, poderá notar uma sensação distinta quando eles estiverem por perto. Às vezes, é uma sensação como de coceira em certa parte do corpo. O dedinho de Ann, por exemplo, formiga quando o seu guia está presente. O corpo de Rachel oscila para trás e para a frente como se o guia lhe respondesse "sim" e de um lado para outro como se o guia estivesse dizendo "não". Algumas pessoas ouvem o próprio nome pronunciado, ou percebem um cheiro característico quando o guia está muito próximo. O guia de um homem vinha de uma vida passada em que vivera na Alemanha — e, toda vez que aparecia, era acompanhado do cheiro característico de *sauerkraut.* Tenho uma sensação de formigamento entre as escápulas quando o meu guia mestre tem algo a dizer-me. Algumas pessoas ouvem o seu guia falar, outras vêem imagens distintas, e outras ainda captam o sentido do que o guia está tentando comunicar-lhes. O importante é começar a desenvolver a confiança que o fará ter consciência da comunicação que está sendo feita.

❖

Guia mestre ou guia de uma vida

Tenho assistido a inúmeros partos, e geralmente há um momento em que se sente um influxo de energia. Isso pode provir da influência dos guias do nascimento, que estão a postos, porém mais freqüentemente representa a chegada do guia mestre, ou seja, um guia que, às vezes, fica com você uma vida inteira mas, se houver mudança no rumo ou na ênfase da vida, o guia mestre se afastará e outros guias se apresentarão.

Muitas vezes, as crianças contam que têm um amigo invisível. No meu entender, o amigo imaginário, invisível, é o guia da criança — não raro o guia mestre, que assume uma identidade com a qual a criança pode comunicar-se à medida que se desenvolve. É importante consentir em que seu filho tenha esse guia, e não desencorajá-lo ou negar a existência de um relacionamento assim. Sobretudo na primeira infância, o mestre está lá como aliado ou padrinho, velando pela criança, protegendo-a e amando-a.

Quando eu era criança, todas as noites, logo antes de ir para a cama, percebia a presença de alguém ao meu lado. Nunca me encontrei com essa presença, mas sentia-a, maravilhosa e carinhosa, ao meu redor. Isso não me parecia inusitado — mas tão natural quanto respirar. Era como a gravidade: nunca pensamos nela, mas ela está sempre ali. À medida que fui ficando mais velha, a presença carinhosa passou a me visitar cada vez menos. Sinto que aquele ser era o meu guia mestre, que velava por mim e me protegia durante a noite.

❖

Guias com finalidades especiais

Embora certos guias sejam companheiros de uma vida inteira, outros virão e trabalharão com você em determinada área. Por exemplo, em meu trabalho de cura um guia americano nativo aparece e só me ajuda enquanto estou trabalhando com alguém. Outro guia me auxilia nas respostas a perguntas que me fazem sobre a alimentação. Não raro, um artista ou músico tem um guia que o ajuda a ser criativo.

Um guia especialista pode ajudá-lo a desenvolver determinada qualidade, como a paciência, a perseverança ou a prosperidade. Tenho um guia especialista que só me ajuda com os meus sonhos — a programá-los, recordá-los e compreendê-los — e outro que me assiste com a percepção de vidas passadas. Pode haver até guias especialistas capazes de ajudá-lo em coisas tão corriqueiras como fazer compras. Tenho um guia de compras do sexo feminino, maravilhosa, voluptuosa, de cabelos vermelhos, que traz no braço inúmeros braceletes tilintantes, que se veste de modo extravagante da cabeça aos pés, e que fala com uma voz rouca. Quando já não consigo pensar em nada, em minhas compras, ou não consigo encontrar o que preciso, ela aparece logo e é tiro e queda. Imediatamente encontro a peça perfeita.

❖

Guias passageiros

Às vezes aparece um guia para trabalhar apenas por um curto período de tempo. Por exemplo, eu estava no Novo México realizando um trabalho de cura com um homem que acabara de sofrer um acidente de automóvel traumático. Quando eu estava prestes a começar, uma velha guia dos índios *pueblos* apareceu e me deu uma informação inusitada, mas específica, sobre como trabalhar com o meu paciente. Eu nunca vira essa guia antes disso. Mas segui o conselho dela — com excelentes resultados.

Mais tarde, no mesmo dia, passei algum tempo com Pena Dançarina. Interroguei-o a respeito do conselho que me fora dado, por ser tão incomum. Ele me respondeu que o conselho era muito preciso, e estava de acordo com o estilo dos nativos americanos. (Agora falecido, Pena Dançarina de vez em quando me procura como guia e aparece freqüentemente para as pessoas que participam dos meus seminários.) Algumas vezes, esses guias, como a velha índia, só se apresentam num lugar especial. Em uma determinada ocasião, assisti a um festival numa aldeia litorânea da Ilha da Madeira, ao largo da costa do Marrocos. Estávamos nos deliciando com a tarde quente, enquanto passeávamos por um dique. De repente, uma mulher aterrorizada, envolta num chale, apareceu segurando uma criança inconsciente. A criança caíra de ponta-cabeça do dique e respirava com dificuldade. O médico mais próximo morava a horas de distância. Quando a mulher, assustadíssima, olhou para nós em busca de ajuda, chamei a assistência de um guia. Ostentando as vestes de um padre católico, o guia apareceu e, minutos depois, a criança, consciente, já brincava. Esse guia nunca mais foi visto — era estranho àquela área.

Se você estiver interessado em entrar em contato com suas vidas passadas, guias passageiros podem aparecer ou aproximar-se em atenção ao seu pedido de auxílio. Eles se apresentarão em geral durante os sonhos. Os guias também se acercam por um curto período de tempo no decorrer de um momento emocional ou fisicamente traumático.

❖

Guias de vidas passadas

Os guias costumam ser pessoas com as quais você conviveu numa vida passada. O guia pode ser alguém que o ensinou, ou lhe deu orientação, ou ainda alguém a quem você dedicou um amor profundo. Esses guias, freqüentemente, aparecem na mesma forma em que você os conhecia na vida passada, se você, por exemplo, viveu uma vida no sul da França, num convento, no século XVII, talvez descubra que o seu guia foi o abade e se veste como tal.

Fiquei muito intrigada com um fenômeno que ocorreu espontaneamente, muitas e muitas vezes, quando comecei a realizar regressões a vidas passadas com meus clientes. A figura de um guardião aparecia nas terapias. Às vezes, o guardião ou guia se apresenta em trajes de época. Às vezes, mostra-se como uma luz, um som ou um símbolo e, às vezes, até como um animal. Mas uma sensação maravilhosa de amor e orientação sempre acompanha esses guias.

Parece haver alguma coisa inerente às nossas jornadas interiores que permite o aparecimento dos guardiães de vidas passadas. Eles não somente surgem espontaneamente às pessoas submetidas à regressão, mas também em outras viagens interiores. Pessoas que tiveram experiências de quase-morte relatam amiúde que foram guiadas por entidades espirituais, muito protetoras e carinhosas. Pessoas que costumam praticar meditação e até as que passam tempo em tanques de isolamento relatam ter "visto" guias e guardiães do passado. Talvez seja quando passamos algum tempo em silêncio e voltamos a percepção para o nosso interior que podemos sentir a presença deles.

❖

Guias da vida presente

Às vezes o seu guia pode ser alguém que você conheceu nesta vida mas que já morreu. Esse alguém, não raro, é um avô ou avó falecida ou uma pessoa de quem você gostou muito quando criança. Reiteradas vezes em meu trabalho de regressão descobri que o guia de uma pessoa é alguém de quem ela esteve muito próxima na vida presente, mas que já faleceu. Existe um laço afetivo entre os dois que transcende o tempo e o espaço. Conquanto a essência do guia falecido permaneça a mesma, sua personalidade, às vezes, se modifica quando ele ingressa no mundo do espírito. Minha avó *cherokee* estóica e calada enquanto viva, portava-se com a dignidade própria da idade e era muito reservada com todos os netos. Embora eu a respeitasse, ela não era a espécie de avó que desejamos paparicar. Fiquei, portanto, surpresa quando, um dia, muitos anos após a sua morte, ela apareceu em meus sonhos para transmitir-me uma orientação do mundo do espírito. Já se fora o semblante severo e, em seu lugar, havia um rosto índio maravilhoso e resplandecente, cheio de calor, paz, quietude e graça. Continuo a sentir-lhe a presença, de tempos a tempos, tanto em sonhos quanto no período de vigília.

Um guia pode ser até alguém que ainda esteja vivo. A

primeiríssima vez que tentei estabelecer contato com um guia, "vi" uma mulher, qual uma estátua, de seus cinqüenta e tantos anos, que irradiava magnificência. Duas semanas depois fui à minha primeira sessão de *rolfing* — um tipo de massagem. Quando a porta se escancarou, fiquei pasmada ao ser saudada pela imagem exata da mulher que eu vira duas semanas antes na minha meditação. Nos poucos meses que se seguiram, quando seus dedos fortes e firmes me massageavam o corpo, essa bela mulher bondosamente me curou o corpo e a alma. Naquele momento de minha vida ela foi, de fato, um guia para mim. Se bem não percebesse conscientemente que era meu guia, o certo é que o seu eu superior me guiava. Com exceção de um guru, esses guias vivos geralmente não se dão conta do serviço que prestam. Muitas vezes, quando você sonha com alguém que conhece nesta vida e, no sonho, essa pessoa o ajuda de certa maneira ou desempenha um papel importante em sua vida, o eu superior dessa pessoa o está realmente assistindo e dando-lhe orientação.

Os guias são diferentes dos fantasmas. O fantasma é, basicamente, uma pessoa que morreu e não compreendeu plenamente o fato de haver morrido, nem o aceitou. O fantasma continua no plano da Terra — sem corpo — e pode estar confuso, triste ou com raiva. É importante tomar conhecimento de que os fantasmas não podem atingi-lo. Quando alguém encontrou dificuldades no trato com algum fantasma, a verdade é que essa pessoa não foi atingida por ele, mas deixou-se abalar pelo próprio medo. Os fantasmas estão em posição desvantajosa porque já não têm corpo. A coisa mais bondosa que se pode fazer no caso de topar com um fantasma é falar-lhe como você falaria a qualquer pessoa que se mostrasse confusa ou infeliz. Deixe-o saber que ele deve ir para a Luz. Seja gentil e firme.

❖

Guias espirituais de natureza animal

Os emissários espirituais mostram-se de muitas formas. O emprego de totens (também chamados guias animais, animais de poder ou animais espirituais), por culturas nativas, está bem documentado. Os membros dessas culturas acreditam que cada pessoa tem um espírito de caráter animal ou um poder de caráter animal que lhe presta assistência ou lhe dá força — é um "remédio" pessoal. Pode haver um ou mais animais dando assistência em qualquer ponto do tempo, se bem, em geral, haja um totem principal que influi, orienta ou ensina.

Os totens com figuras de animais fazem o papel de guias espirituais para os membros de culturas nativas, e geralmente aparecem como guias em meditações e regressões a vidas anteriores para os que viveram vidas passadas em culturas nativas. Entretanto, qualquer pessoa de qualquer cultura pode se beneficiar entrando em contato com seu totem de forma animal.

Cada animal espiritual tem suas próprias qualidades e poderes. Quando você se comunica com determinado totem, você tem acesso às suas qualidades. Posto que algumas culturas atribuam significados diferentes a certos animais de poder, existem similaridades. Muitas vezes, uma pessoa com o totem do urso será um bom agente de cura e terá a introspecção do urso, mas será desafiado a sair da toca. Alguém com o totem do veado pode envolver-se com algumas pessoas, relacionar-se com outras e ser muito proficiente na vida. Mas também é possível que tenha a natureza meiga do veado e precisa, não raro, da proteção contra caçadores, visto que outras pessoas poderão tentar prejudicá-la. As pessoas com o totem da águia inúmeras vezes são capazes de ver outras dimensões e têm capacidades especiais. Muitas vezes, no entanto, vêem-se sozinhas.

Existem algumas maneiras de você encontrar o seu animal de poder. Ele pode abordá-lo, repetidas vezes, num sonho ou numa meditação. Também é possível que você reconheça o seu totem animal observando as criaturas da terra ou do mar pelas quais você se sente atraído. Muita vez o seu totem representa o seu animal favorito desde a infância. Um animal de poder pode aproximar-se de você de maneiras inusitadas; por exemplo, se uma pena de coruja cair a seus pés enquanto você caminha por uma floresta, há uma boa possibilidade de que a coruja seja um dos seus totens. Se você se sente particularmente atraído por uma pintura que retrata cavalos e, logo, alguém lhe remete a fotografia de um cavalo, ao mesmo tempo que cavalos começam a aparecer em seus sonhos e de uma ou de outra forma, também passam a surgir reiteradamente em sua vida, há uma boa possibilidade de que o cavalo seja o seu totem.

A observação dos atributos de certos animais também concorre para o descobrimento do totem. Os ursos, por exemplo, despertam lentamente pela manhã e tendem a ser criaturas apegadas aos seus hábitos, que percorrem o mesmo trajeto todos os dias. Se você salta da cama pela manhã, cheio de energia, para iniciar o dia e tende a variar suas atividades, é pouco provável que o urso seja o seu totem. O seu animal de poder pode trazer uma compreensão das forças que você tem, assim como pode assisti-lo em momentos de grande sofrimento. Você pode comunicar-se com seu animal totem de forma semelhante àquela em que se comunica com um guia que assume a forma humana.

À medida que nos aproximamos de um tempo em que uma consciência planetária se empenha em contribuir para a cura e para a compreensão da Terra, o valor dos totens animais aumentará. O fato de você entrar em contato com seu totem animal, ainda que não tenha vivido no passado em culturas nativas, o ajudará a unir-se à terra. Isso é benéfico para todos.

Incluí uma meditação para ajudá-lo a ligar-se ao seu guia espiritual de natureza animal. Você pode gravá-la em fita cassete e ligar o gravador logo antes de dormir. Ou pode fazer isso com um amigo e cada um de vocês lerá a meditação para o outro.

❖

Meditação do guia de natureza animal

Comece relaxando. Quando estiver profundamente relaxado, ligue-se aos seus guias, auxiliadores espirituais e totens. Simplesmente sente-se ou deite-se confortavelmente num lugar sossegado e tome consciência da própria respiração. Pare por um momento e observe se a sua respiração é superficial ou profunda. Em seguida, respire fundo e encha o abdômen, fazendo-o se expandir, como se fosse um balão. Segure a respiração o quanto puder... segure... segure... retenha-a e depois solte-a... Deixe o ar sair dos pulmões. A seguir, respire superficialmente por duas vezes e sinta a diferença, no corpo, entre respirar fundo e respirar superficialmente. Depois deixe a respiração fluir de maneira natural, sem esforço, por uns poucos momentos... Muito bem.

Em seguida, concentre a atenção de novo na região do abdômen. A cada respiração sinta-a expandindo e contraindo. Sinta realmente o ar entrando em você, e sinta o corpo expandir-se. À medida que a respiração se torna mais e.mais rítmica, volte a atenção para o oxigênio que penetra pela boca e pelas narinas. Visualize-se respirando o ar mais puro, mais limpo e mais saudável. Empreste uma cor a esse ar e veja essa cor irradiar-se nos recessos mais profundos da cavidade dos pulmões, oxigenando e revitalizando todas as partes que atinge. Imagine que o oxigênio que você respira lhe cura e regenera os pulmões e todo o sistema circulatório... aaah, como é gostoso!

Deixe-se agora deslizar para um nível ainda mais profundo de relaxamento. Continue a concentrar a atenção na respiração. Outra respiração profunda... retenha o ar e, então, solte-o. Deixe-o fluir lentamente e emita um suave suspiro... mmmm... que relaxa e tranqüiliza. Seu corpo está descansado; todas as preocupações e tensões estão simplesmente indo embora.

Na próxima vez que você fizer uma aspiração, concentre a atenção nas pernas. Visualize-as como se fossem vasos vazios, e encha-as de ar. Veja e sinta toda a área em torno das pernas enchendo-se de um ar que purifica e limpa. Enquanto expira vagarosamente, sinta as pernas ficarem cada vez mais pesadas... afundando no chão debaixo de você, elas estão incrivelmente relaxadas e os músculos mais e mais livres da tensão. Suas respirações profundas fazem com que seu corpo relaxe com total liberdade e descontração.

Respire outra vez longa e profundamente e leve o ar para os quadris e nádegas. Ao expirar, sinta esses músculos poderosos relaxando e se soltando. Muito bem. Agora volte a atenção para a parte superior do corpo e respire fazendo com que o ar tome conta de toda a área do tronco, enchendo de ar os pulmões, as costas, o peito e os ombros. Retenha o ar... Retenha... Retenha... e agora expire completamente. Muito bem. Todo o seu tronco está completamente relaxado.

Como se você estivesse enchendo um balão comprido, respire para dentro do braço direito. Quando expira, sinta-o relaxar, e esqueça-o. Muito bem. Respire agora para dentro do pescoço e da cabeça. Encha de ar todo o pescoço e toda a cabeça e, quando expirar, deixe o fluxo levar todos os pensamentos, desejos e preocupações. Todos levados pelo fluxo da expiração. Muito bem. Agora todo o corpo, relaxado, se sente bem. Continue a respirar de modo agradável, pleno e fácil. Tenha consciência do oxigênio que enche os pulmões e está sendo expelido deles. Para dentro e para fora. Para dentro e para fora. Há um ritmo e uma cadência no universo. Neste momento sua respiração está se harmonizando com esse ritmo e essa cadência. Você respira em harmonia com todos os padrões e ritmos da vida. Sinta, imagine e tenha realmente consciência disso. Você tem pouco tempo para fazer isso.

Agora que está completamente relaxado, pode encetar uma jornada interior que o ajudará a encontrar o seu guia espiritual de origem animal. Em sua imaginação, viaje para um belo lugar da natureza. Imagine um lugar em que já esteve antes e em que se sentiu bem, ou viaje para um lugar que só existe na sua imaginação. Nem todas as pessoas produzem imagens visuais, de modo que, se lhe for difícil visualizar esse bonito lugar, capte as sensações que ele transmite. Sinta como seria bom se você se encontrasse nele. Apreenda o frescor do ar e a força da terra debaixo de você. Reserve um momento para imaginar-se nesse formoso lugar da natureza. (Se estiver gravando uma fita, deixe aqui algum espaço.) Imagine-se nesse lugar sentindo-se muito saudável e bem-disposto. Encontre agora onde possa sentar-se — tanto pode ser numa pedra grande e arredondada quanto no tronco de uma árvore ou ainda numa duna de areia — e fique inteiramente à vontade.

Enquanto está sentado, imagine que uma neblina começa a se formar. A neblina se adensa cada vez mais até você não poder ver mais nada à sua volta. Enquanto permanece sentado no meio da neblina, sua intuição — seu sexto sentido — se expande. Embora não possa ver coisa alguma, pode sentir a aproximação do seu totem animal. Pode sentir-lhe a força, a impetuosidade e o poder. Cada vez mais próximo. Estenda agora a mão no meio da neblina e toque no animal espiritual que vem auxiliar você. Você tem a impressão de estar tocando uma pele, penas, escamas de répteis ou alguma coisa molhada como se fosse de uma criatura do mar? No momento do toque estabeleceu-se uma relação instantânea entre você e o totem animal. À maneira que a neblina se dispersa, você vê e sente a presença do guia. Restam-lhe poucos momentos para comungar com o guia, que pode "falar" com você ou simplesmente estar com você envolto em silêncio e amor.

Quando você estiver recuperado, diga adeus ao seu guia animal e saiba que vocês podem ficar juntos muitas e muitas vezes no silêncio da meditação.

❖

Anjos

A história e a mitologia estão cheias de referências a anjos. Esses seres têm inspirado artistas e escritores, assim como líderes religiosos. Mais do que mitos, os anjos são reais. Eles trazem consigo a essência da inocência e da pureza, e são tocados pelas mãos de Deus. Mensageiros do Espírito estão associados à natureza superior, à beleza, à paz, à alegria, à realização, ao riso e ao amor. Estão aqui para nos ajudar a recuperar a fé perdida, a confiança quebrantada e a inocência, e para tirar dos nossos ombros o fardo do medo, da incerteza, da culpa, da dor e da preocupação. Eles concorrem para substituir sentimentos de indignidade e insegurança por alegria e pelo sentimento de pertencer a um grupo. Os anjos nos ajudam a entrar em contato com uma força poderosa, embora suave, que nos encoraja a viver a vida em toda a sua plenitude. Eles nos fazem viver com alegria, em vez de viver com medo, e nos facilitam o ingresso no mundo do amor.

Os anjos diferem dos guias por não terem vivido uma vida medida pelo tempo da Terra; os anjos são seres das estrelas e os guias são seres da Terra. Seres divinos que não viveram no plano da Terra num corpo humano, eles não têm karma nem questões evolutivas para trabalhar durante o tempo que passam na Terra. Seres celestiais, pertencem a um nível vibratório mais elevado que o dos guias. Os anjos são a essência da pureza.

Existem muitos tipos diferentes de anjos, desde os anjos da natureza até os mensageiros e o seu próprio anjo da guarda, e cada qual pode exercer uma função diferente em sua vida. O anjo da natureza é um guardião ou protetor de determinada região como, por exemplo, uma montanha; a a montanha inteira estará sob os cuidados e a guarda de um só anjo. Ou um lago pode ter um anjo que zela por ele. Lugares diversos da natureza, que despertam emoções especiais, estão, na maior parte das vezes, sob a proteção amorosa de um anjo. Existem arcanjos, como, por exemplo, o arcanjo Miguel, e sua espada da verdade, que exercem a função de guardião de todo o nosso planeta. E existem anjos mensageiros que assumem, por vezes, a forma humana por breves períodos para trazer uma mensagem, oferecer ajuda em momentos de perigo ou ensinar alguma lição importante.

Nas minhas viagens, as pessoas têm me contado histórias notáveis a respeito de anjos, que ostentam ou não ostentam asas; cada história traz consigo uma sensação mágica de luz e amor. Uma mulher, voltando para casa de avião depois de um feriado, decidiu acabar com o último rolo de filme fotografando nuvens através da janela do avião. Alguns dias depois, recebeu um telefonema urgente do laboratório que revelou o filme, pedindo que ela fosse até a loja. Quando ela chegou, quiseram saber como produzira as imagens em suas fotografias de nuvens.

"Que imagens?", perguntou ela. "São apenas nuvens."

Eles, então, lhe mostraram as fotos. No meio das imagens de nuvens via-se um anjo, belíssimo, com grandes asas de ouro e um sorriso radiante. Ela me disse que o anjo parecia pertencer ao sexo masculino, com cabelos castanhos curtos, e podiam ver-se claramente todos os pormenores da sua figura.

Um homem contou-me que, quando jovem, vivera no campo e que nas terras da sua família havia um pequeno lago. Um belo dia, foi dar um passeio pelo lago e viu dois anjos voando de um lado para outro. Ele saiu correndo para chamar o irmão, que orçava pelos dezoito anos naquela época. Ele contou que o irmão não queria ir, mas ele o arrastou e, quando chegaram ao lago, os anjos ainda voavam de um lado para outro, aparentemente sem reparar nele nem no irmão. O homem concluiu dizendo que, até hoje, seu irmão se recusa a falar sobre o "incidente do anjo". As duas histórias podem ser exemplos de anjos da natureza.

Outro homem me contou que seu caminhão quebrou numa estrada estreita que margeava uma montanha. Caía uma violenta tempestade de neve, acompanhada de ventos furiosos de inverno. Parte do caminhão, com tração nas quatro rodas, quebrou, e ele estava a milhas de distância de qualquer auxílio. Estava quase perdendo as esperanças quando um homem apareceu num caminhão. O homem *por acaso* tinha a peça de que ele precisava, e ajudou-o a puxar o seu caminhão para fora da neve em que ele atolara. Disse o meu informante que, ao virar-se para agradecer ao homem, depois que o motor do caminhão se pôs a funcionar, não somente constatou que o prestimoso estranho e o seu veículo tinham desaparecido como também não havia sequer marcas de pneus na neve! Essas histórias incríveis são apenas umas poucas dentre as muitas que me têm sido relatadas no correr de minhas viagens e em meus seminários. Não tenho meio de verificá-las, mas o simples volume das histórias que envolvem anjos ou intervenções angélicas empresta crédito à idéia de que os anjos são reais e estão aqui para ajudar-nos.

O anjo da guarda é um tipo muito especial de anjo. Esse anjo está com você desde o seu nascimento e pode ajudá-lo a desenvolver os dons especiais com que você nasceu; ele também o ajudará a encontrar maneiras de expressar livremente esses dons. O propósito principal de um anjo é a transformação concentrada da atitude humana, que sempre ocorre em direção à luz.

Os anjos aparecem de muitas formas diferentes. Embora pareça ser uma ocorrência rara, a forma que a maioria das pessoas associa aos anjos é a do anjo dos vitrais tradicionais das igrejas, dotado de asas. Em quase todas as culturas do mundo inteiro existem pessoas que acreditam que os anjos são criaturas aladas. Os americanos nativos chamavam-lhes o Povo dos Pássaros, aludindo à sua aparência alada. Na cornija de minha lareira tenho um anjo alado de madeira entalhada, proveniente de Bali, que se parece com uma sereia de asas. Existem relatos de anjos alados na antiga Mesopotâmia e na Assíria. Existem anjos no Cristianismo, no Budismo, no Taoísmo, na tradição judaica, na tradição islâmica e no Zoroastrianismo. Os *vikings* chamavam-lhes valquírias, os antigos persas chamavam-lhes *fereshta* e os gregos lhes chamavam *horae*. Alguns adeptos da Nova Era dizem que não se trata realmente de asas, mas de emanações muito rápidas de energia que percebemos como asas. Não obstante, há relatos sobre essas criaturas divinas aladas em todo o mundo.

Mais comuns são os relatos sobre anjos que se apresentam em forma humana e aparecem quando precisamos deles e, às vezes, desaparecem misteriosamente. Tudo faz crer que assumem uma forma agradável e reconfortante para a pessoa a qual se apresentam. Já ouvi um sem-número de relatos a respeito da forma física desses seres angélicos. Parecem ser, ao mesmo tempo, masculinos e femininos, jovens e velhos, de raças diferentes, alguns bem vestidos, outros maltrapilhos. Dir-se-ia que todos oferecem orientação e ajuda, sem interferir na vida da pessoa em questão.

Há outra maneira com que o reino angélico afeta a humanidade e isso acontece quando uma energia angélica se sobrepõe a alguém. Nesse caso, uma pessoa pode, sem se dar conta do que está fazendo, oferecer assistência e orientação a alguém necessitado... *e, às vezes, sem nunca mais se lembrar disso!* Como se alguma força tremenda de bondade tomasse momentaneamente o controle dos acontecimentos e oferecesse a mensagem certa a outra pessoa. Claro está que pode haver muitas razões para isso, mas gosto de pensar que uma delas é a intervenção angélica.

Embora algumas pessoas tenham dito que viram anjos,

a maioria dos anjos não se vê, mas se sente. Tenho várias maneiras de dizer se um anjo está presente ou não. Muitas vezes o maravilhoso aroma das flores os acompanha. Não raro, eles anunciam a sua chegada por uma brisa muito suave, ainda que todas as janelas do aposento estejam fechadas. Essa brisa é o adejar das asas (sim, alguns anjos têm asas!). De quando em quando, você ouve o som de sinos, carrilhões ou trombetas quando eles chegam. Acredito que a razão do som aparente de trombetas provém do fato de que os anjos, ao sair da sua dimensão para entrar na nossa, produzem um som muito parecido com o de trombetas. Por vezes, alguém pensará ver uma luz, que pode indicar a chegada de um anjo. O meio mais comum, porém, é sentir que o anjo está presente. Você sentirá uma onda quente de amor estender-se sobre a sua pessoa. E se supuser que está na presença de um anjo, o mais provável é que esteja mesmo.

Desde os arcanjos até o seu anjo da guarda, seu consolador e amigo pessoal, neste momento os anjos estão formando uma ponte entre a nossa realidade física e a sua energia espiritual. Como a folha que cai, suavemente, sobre a lagoa silenciosa de nossa consciência, produzindo ondulações que crescem de dentro para fora e formam círculos concêntricos cada vez maiores, nós lhes reconhecemos a presença. À medida que confiarmos neles, derramarão suas bênçãos sobre nós. Eles são uma porta que se abre para o divino que há dentro de nós. Os anjos vêm esperando que nos aprontemos e agora chegou o momento — o momento chegou para eles se manifestarem à humanidade. Acredito que multidões de anjos tornarão conhecida a sua presença nos próximos anos, à proporção que nos curarmos das velhas feridas do passado e dermos um passo à frente para ingressar no futuro. Aguarde o milagre!

❖

Chame um guia antes de explorar uma vida passada

Antes de embarcar em qualquer exploração de vidas passadas seja acordado, seja logo antes de adormecer, passe alguns minutos solicitando a presença do seu guia ou de um anjo. Depois de alguns minutos de relaxamento (use a meditação orientada que se segue), visualize o seu guia. Se não tiver uma imagem visual dele, imagine ou sinta uma esfera grande e brilhante, dourada, branca ou prateada. Sinta-se cercado por uma bolha de luz, amor e proteção. Feito isso, diga a si mesmo, em voz alta ou em silêncio: "Querido guardião, peço a tua assistência e a tua orientação para explorar minhas vidas pregressas. Ajuda-me a compreender quem fui e por que escolhi essas vidas passadas. Ajuda-me a perdoar e curar qualquer bloqueio e barreira originária do passado. Peço o teu auxílio para curar velhas feridas e o velho sofrimento, mesmo que não me lembre conscientemente da minha jornada ao passado. Envio paz e agradeço tuas bênçãos carinhosas."

Verifiquei que esse pedido de ajuda produz resultados notáveis. Não se esqueça: trate os guias e os anjos com amor e respeito e agradeça as bênçãos recebidas.

❖

Meditação do guia

Esta meditação pode ser lida em voz alta ou gravada em fita a fim de ajudá-lo a abrir-se para os seus guias.

Você está prestes a embarcar numa viagem emocionante para aquele lugar íntimo e profundo dentro de você. Depois que tiver explorado esse espaço interior você terá acesso a um manancial de muita força, poder e paz. Você está encetando uma jornada em que descobrirá o seu santuário e encontrará o seu guia mestre. A fim de preparar-se para essa jornada pela ponte do tempo, deite-se ou sente-se numa posição confortável, com a coluna reta e braços e pernas descruzados.

Faça isso agora... Muito bem.

Assim que estiver perfeitamente à vontade, deixe que seus olhos se fechem suavemente. Agora inspire. Encha completamente os pulmões de ar... Retenha a respiração por três segundos... e, ao expirar, sinta que todo o corpo relaxa.

Muito bem. Agora faça outra inspiração profunda... mais profunda do que a anterior... retenha o ar... e faça uma expiração completa. E, enquanto expira, sinta todo o corpo relaxando... completamente.

Faça uma inspiração final profunda e... sem deixar sair nem um pouquinho de ar... inspire ainda mais ar e retenha-o. E enquanto estiver retendo a inspiração, deixe o corpo relaxar. Sinta realmente o corpo relaxando. Agora deixe sair o ar. Deixe-o sair totalmente... esvazie completamente os pulmões... esvazie-os até o fim... esvazie-os até o fim... Relaxe... E quando começar a respirar naturalmente, repare no estômago, que sobe e desce... sobe e desce... como se todo o universo respirasse através de você. Deixe simplesmente que todos os seus problemas e preocupações flutuem e se vão.

Enquanto essas respirações suaves e relaxantes continuam, dirija a atenção para o meio do peito. Suas forças vitais fluem livremente para dentro e para fora do seu peito. É tão bom ser balançado delicadamente por esse ritmo natural! É tão gostoso harmonizar-se com a conexão do seu coração! Não há separação entre você e a grande força que irrompe através de toda a vida.

Correntes brilhantes de energia da força vital fluem para dentro e para fora, através do chakra do coração a cada inspiração e a cada expiração. Quando inala, você puxa para dentro uma luz dourada, tremeluzente e poderosa... e, quando exala, irradia a luz para fora, destinada às pessoas que você ama e ao universo.

Seu corpo está muito relaxado. Os pequenos músculos em torno dos seus olhos estão inteiramente relaxados e soltos. A sua testa está relaxada e tranqüila. Os músculos do seu maxilar estão muito relaxados. Os seus pensamentos se dissolvem e simplesmente se dissipam. Uma claridade interior o envolve. Você se sente tão fluido... tão inteiro! Respire profundamente, inspirando e expirando. Você se sente amado e amoroso.

Ainda uma vez, mais uma respiração profunda, para dentro e para fora... deixe que tudo passe... relaxe... Você está em completa harmonia com toda a vida.

Imagine agora um lugar muito bonito em meio à natureza. Talvez um local que você já visitou antes ou algum lugar que exista apenas em sua imaginação. Por um momento imagine esse local como um lugar real, imaginando-o em todos os pormenores. Por exemplo, se houver flores em seu santuário, aspire-lhes o perfume e toque-as. Lance mão de todos os sentidos para sentir esse lugar da natureza. Passe algum tempo imaginando ou sentindo que caminha ou corre nesse lugar... veja-se saudável e livre de preocupações. Imagine-se respirando o ar fresco, limpo, refrescante. Em algum ponto desse lugar há uma lagoa clara e silenciosa. Reserve um momento para imaginá-la ou senti-la. Pode ser uma lagoa com segredos ocultos e alumiados pela Lua em suas profundezas, ou uma lagoa alimentada por uma nascente em que você pode ver o próprio reflexo — porém alterado, como num sonho. Ou talvez seja um lago acetinado, imóvel como o vidro.

Enquanto você permanece à beira da lagoa silenciosa, você dá tento de uma neblina que se forma perto dela. A neblina espiralada principia a converter-se numa nuvem que abraça a terra. Procedente do centro da nuvem, você atina com um leve zumbido... um zumbido que se faz cada vez mais alto... um zumbido que parece ressoar no próprio centro do seu ser. Intuitivamente, você percebe que o seu guia mestre se aproxima. O próprio centro da neblina turbilhonante é o ponto de chegada do guia mestre.

Esse guia atravessou os séculos para estar com você, para guiá-lo e oferecer-lhe amor e apoio incondicionais. Através da neblina, você sente em cada célula do seu ser o amor que tudo impregna, a aceitação incondicional de você pelo guia, que se aproxima, vindo dos séculos recuados, com a intenção de proporcionar-lhe introvisão, orientação e amor. Esse ser o conhece intimamente e só estava à espera do seu chamado.

Agora estenda a mão no meio da neblina. Ao fazer isso, perceba e sinta a mão do guia deslizando suavemente para dentro da sua. Nesse momento, deixe-se sentir um relaxamento tão profundo que toca o âmago do seu ser. A neblina começa a se dissipar e você tem a oportunidade de encontrar o seu guia mestre. Se não conseguir "vê-lo", procure "sentir-lhe" a presença.

Cumprimente o guia. Pergunte o nome dele. Limite-se a aceitar tudo o que lhe vier à mente. Passe algum tempo conversando com ele. Pergunte-lhe se ele não tem nenhum conselho especial para dar a você. Ou faça todas as perguntas que quiser. E se desejar simplesmente sentar-se ao lado do guia faça isso agora. Seu guia pode ajudá-lo na exploração de vidas passadas ou durante os sonhos. Saiba que você pode visitar esse lugar quantas vezes quiser, e pode visitar o seu guia sempre que tiver vontade.

Despeça-se do seu guia.

Nesse momento talvez prefira se entregar ao sono. Se quiser retornar à consciência normal, da vigília, simplesmente respire profundamente... e, a seu tempo, quando estiver pronto, deixe que seus olhos se abram suavemente.

Depois de terminada a meditação do guia, comece a lembrar-se dos sonhos e a gravá-los (ver o Capítulo 5). Procure recordar-se de um ser adorável que aparece repetidamente. Ainda que esse ser tome formas diferentes nos sonhos, o sentimento que ele transmite será sempre o mesmo. Com o passar do tempo essas sensações e imagens recorrentes se tornarão uma indicação familiar da presença do seu guia. Esteja atento a elas — aliás, no início, você pode não fazer caso disso. Quanto mais se abrir para os seus guias, acreditar neles e se relacionar com eles, tanto mais fortes eles se tornarão como parte integrante da sua vida.

Quanto mais você se liga aos guias e aos anjos, tanto mais fácil lhe parecerá rememorar existências anteriores, visto que os guias conferem uma sensação de segurança enquanto você explora vidas passadas, não somente em sonhos mas também em regressões durante a vigília. Recomendo-lhe vigorosamente que você trabalhe sempre com um guia em suas explorações de vidas passadas. Verifico em meu próprio trabalho que os melhores resultados ocorrem quando, durante as regressões a vidas passadas, a pessoa se sente segura, e isso acontece sempre que ela estabelece uma ligação com a sua orientação superior. Com efeito, eu acredito que a ajuda de um guia é tão benéfica que, atualmente, são raras as ocasiões em que faço regressões a vidas passadas sem antes solicitar-lhe a assistência. A presença carinhosa dos guias me ajuda a dirigir o curso da terapia.

8

Vidas passadas, vidas futuras

Numa enevoada manhã, quando ainda era criança, eu estava sentada num balanço enferrujado. Meus pés apenas tocavam o chão enquanto eu os arrastava no solo, para a frente e para trás. De repente eu me virei. Imaginei sentir a aproximação de alguém, mas não havia ninguém ali. Lembro-me de que uma profunda sensação de calma e bem-estar me envolveu. Eu já não me sentia sozinha.

Essa lembrança desaparecera nos recessos profundos da minha mente e fora completamente esquecida até uns trinta anos mais tarde, quando envidei esforços para voltar no tempo e revisitar meus tempos de criança. Saí do meu túnel do tempo, que eu imaginara, para ver-me consolando um eu muito jovem, sentado, como que afundado, num balanço corroído pela ferrugem. Eu lhe disse que o amava incondicionalmente. Levei ao conhecimento desse eu que ele ainda encontraria tempos difíceis pela frente, mas que acabaria por transpô-los, e que o futuro dele seria maravilhoso. Enquanto eu falava com ela, a menininha endireitou-se e um peso pesado pareceu erguer-se do seu espírito.

Retornando ao presente, senti-me abismada. Não somente eu viajara de volta e visitara o meu eu mais jovem, mas também, como criança pequena, *me lembrara* da visita! Não me recordo de ninguém conversando comigo naquela manhã envolta na névoa, mas lembro-me de haver sentido a meu lado alguém que gostava de mim e, em despeito de não poder ver quem era, soube que eu já não precisava sentir-me sozinha. Foi uma experiência extraordinária.

❖

Como mudar o passado

Acredito que não só o passado mas também o próprio futuro pode ser modificado! Já passei por mudanças profundas na vida e constatei mudanças na vida de outras pessoas simplesmente voltando ao passado (assim nesta como em vidas passadas) e alterando-o. Você pode realmente mudar o presente por meio de alterações produzidas no passado. O mais notável é que, quando você muda o presente através de mudanças operadas no passado, cria-se uma história para justificar o novo presente. Existem muitos casos bem documentados de pessoas submetidas a terapia que regressam a um estado anterior de sua vida e curam feridas ocorridas naquele tempo. Essa cura transforma, portanto, o presente dessas pessoas. A terapia das vidas passadas funciona de um modo ainda mais extraordinário. Quando retrocede e libera o trauma fechado a sete chaves em vivências anteriores, você altera profundamente a história e sua própria existência desde o princípio. Isso parece inacreditável, mas tenho visto inúmeros casos de pessoas presentes aos meus seminários que voltaram literalmente para o passado, mudaram-no e regressaram a um presente mudado. As mudanças no passado parecem entrelaçar-se através do tempo, criando um novo futuro. Acredito que seja hora de se aceitar essa idéia, e que você se deparará com ela, cada vez mais, em filmes e livros.

Falei, no Capítulo 6, da modificação do passado e da criação de um resultado melhor para você. Trata-se do mais poderoso método de resolução com o qual já trabalhei pessoalmente. Você já não precisa ver-se como vítima — pode assumir o controle de sua vida desde já. Você tem o poder, tem o conhecimento, de sorte que pode fazer que ele seja do modo que deveria ter sido!

Entretanto, se a idéia de alterar *realmente* o passado for para você um conceito demasiado filosófico... pense simplesmente que você está mudando o passado que habita o interior da sua mente. Todas as lembranças do passado, todas as crenças limitantes e todas as programações negativas existem na sua mente. Mude-a e estará mudando sua vida. Tanto faz acreditar que está realmente alterando o passado, quanto acreditar que está apenas alterando o passado existente em sua mente... isso funciona.

Jane participou de um dos meus seminários sobre vidas passadas. Durante um dos processos de vida passada ela trabalhou na solução do difícil relacionamento que tinha com a mãe na vida presente. Sentia haver feito progressos excelentes. No correr do processo, descobrira e modificara uma vida passada traumática vivida com a mãe. No dia seguinte, "por mera coincidência", recebeu um telefonema de "sua mãe" — a qual explicou que ela não era a verdadeira mãe de Jane mas, na realidade, sua avó! E prosseguiu, dizendo que a verdadeira mãe de Jane era a mulher que

Jane pensava ser sua irmã, e com a qual mantinha um relacionamento excelente.

A maioria das pessoas diria que as coisas tinham sido sempre assim e que Jane apenas descobrira a realidade. Essa, naturalmente, é uma explanação muito lógica e faz sentido. Creio que a realidade é criada pelo "consenso". Se muitas pessoas concordam com alguma coisa, esta passará a ser a "realidade". Por exemplo, muita gente "concorda" que Picasso foi um grande pintor. Portanto, Picasso é um grande pintor porque as pessoas "concordam" no tocante ao valor de sua arte. Se ninguém tivesse jamais "concordado" com isso, Picasso jamais seria um grande pintor.

Acredito que a "forma" também se aglutina em torno de nossas "crenças" e "consensos" coletivos. Por exemplo, acreditava-se que o mundo não era redondo, mas plano. Num dado momento da história, todas as pessoas concordavam que o planeta era plano. Todas as evidências disponíveis naquele tempo "provavam" que o mundo de fato era assim. Agora sabe-se que o mundo é redondo. Todas as nossas evidências científicas "provam" que o mundo é redondo — e isso "prova" que o mundo foi *sempre* redondo. E se, no futuro, ficar provado que a Terra é na verdade um holograma, projetado de um outro universo? Todas as evidências científicas "provariam" que o mundo era um holograma — e que sempre fora um holograma.

Acredito que estamos constantemente mudando não só o "presente", mas também, de qualquer ponto determinado do tempo, o "passado" e o "futuro". Acredito que o universo é um oceano de consciência pulsante e flutuante e que todo o tempo ocorre simultaneamente.

Acho que estamos todos intimamente ligados nesse mar de consciência. Quando você libera um velho bloqueio, isso não somente o ajuda, mas é também como o seixo que deixamos cair numa lagoa de águas paradas e cujas ondulações sentimos na margem mais longínqua. Não somente sua família e seus amigos imediatos serão afetados "de modo positivo" pelas "ondulações", mas serão igualmente afetadas todas as pessoas existentes no planeta que partilhem das suas freqüências — mesmo que não o conheçam.

❖

O efeito das ondulações

Aqui está um exemplo de como funciona o efeito das ondulações. Daniel me procurou porque estava com problemas financeiros. Ele investia tempo e esforços num projeto, mas o ganho que obtinha com isso era muito pequeno. Extremamente desalentado com isso, Daniel achava que devia haver um bloqueio interior que causava o problema. Ele voltou a uma vida no Meio-Leste onde fora negociante (na vida atual ele vem de uma família do Meio-Oeste). Em sua vida passada ele nem sempre fora honesto nos negócios. Na regressão, relembrou um acontecimento muito traumático, motivado por relações comerciais em sua vida passada.

O dia fora muito quente e impregnara cada canto e cada dobra de vida. Embora a penumbra da casa do negociante oferecesse algum alívio para o calor, as sombras da noite próxima, que se alongavam, foram bem recebidas. O comerciante olhou com ternura para o filho moço, que acabara de chegar vindo de fora.

De repente, o comerciante sentiu uma presença na porta. Ergueu a cabeça. Enchendo ameaçadoramente o vão da porta, avultava um homem. O negociante o conhecia apenas superficialmente. Num ápice, todavia, entendeu por que o homem estava ali. Fazia pouco tempo que ele, deslealmente, lhe passara a perna numa transação comercial.

Como em câmara lenta, o homem no vão da porta ergueu uma adaga bem acima da cabeça e precipitou-se para a frente. Num movimento suave, cortou a garganta do menino... E saiu correndo.

A cena foi tão traumática que Daniel saiu da regressão. Eu lhe disse: "Por mais doloroso que isso lhe pareça, você pode voltar à cena e mudá-la. Isso exercerá um efeito positivo e poderoso sobre sua vida presente."

Relutante, Daniel tornou às lembranças de sua vivência passada. Voltou a representar a cena até o momento em que o homem, de pé no vão da porta, empunhou a faca bem alto sobre a sua cabeça. Ele, então, alterou a cena e imaginou o homem deixando cair a faca e saindo em disparada.

Eu disse-lhe: "Prossiga na sua vida de comerciante."

Ele, então, "se viu" tratando as pessoas com honestidade. Sua reputação como homem honrado espalhou-se por toda a região. "Viu-se" envelhecendo e ficando mais rico a cada ano que passava. "Viu" o filho crescer e tornar-se um belo rapaz, também comerciante honrado como o pai.

Em resultado de haver explorado e mudado as lembranças de vida passada, duas coisas aconteceram. Logo os negócios de Daniel melhoravam e ele é hoje um comerciante próspero. O segundo evento que se verificou foi extraordinário. Na regressão, Daniel viu que o filho adolescente, em sua vida atual, era também o filho assassinado em sua vida no Meio-Leste.

Seu filho, no presente, sofrera de uma constante dor de garganta desde o tempo em que era criança (muito provavelmente um trauma não resolvido causado pela garganta cortada). Mas a partir do momento em que Daniel mudou sua vida passada, a dor de garganta do filho desapareceu e nunca mais voltou, embora oito anos já se tivessem passado. Isso é particularmente interessante porque Daniel jamais falara à família sobre a sua regressão, por supor que não entenderiam esse tipo de terapia.

Em outras palavras, Daniel mudou o passado, liberou um antigo bloqueio e os efeitos dessa atitude atingiram os que o cercavam — muito embora estes não soubessem o que ele tinha feito. O efeito de ondulação não só exerce influência nos que estão imediatamente à nossa volta, mas as ondulações também se espalham por todo o universo para afetar todas as pessoas que têm uma freqüência igual à nossa. Pode ser que, depois da regressão de Daniel, outra pessoa, do outro lado do mundo, estivesse passando por problemas financeiros. Na manhã seguinte, ela teria acordado com a sensação de que um fardo pesado lhe fora tirado dos ombros, muito embora não soubesse por quê. Nós estamos ligados uns nos outros. Quando um de nós está feliz, todos nós nos sentimos felizes.

Perguntam-me freqüentemente se, ao mudar o passado, não podemos cometer um erro capaz de influir nos outros de maneira negativa. Nunca assisti à ocorrência de uma coisa dessas. Acredito que uma força orientadora na vida garante que, quando você "muda o passado", durante uma regressão, a mudança só contribuirá para o bem de todos.

Encontro essa força orientadora em minhas meditações positivas. Há ocasiões em que eu afirmo alguma coisa com todo o coração e nada acontece. Geralmente, quando as minhas afirmações não surtem efeito, logo surge diante de mim uma oportunidade maravilhosa, oportunidade essa que a minha afirmação teria obstado. Acredito que a razão disso tenha sido o fato de que as forças orientadoras afetuosas estão sempre em ação em nossa vida. Por isso, peço que não se preocupem com a possibilidade que a mudança do passado provocada por você possa ter um efeito devastador sobre o mundo inteiro. Alguém o está guiando e guiando o seu processo pelo maior bem de todo o mundo.

❖

Vidas futuras

Algumas pessoas acham que vale a pena visitar sua vida futura ou fazer que o seu eu regrida no tempo e no espaço para aconselhá-los e orientá-los com base em aquisições futuras. Dirijo com freqüência processos de "vida futura" em meus seminários e muita gente se sente emocionada com o que descobre. Por estar-se adelgaçando o véu do tempo e do espaço, mais fácil se tornará viajar em suas meditações, não somente no passado mas também no futuro. Algumas pessoas sentem que sua confiança interior foi renovada depois de presenciar sucessos futuros. Outras descobrem que podem evitar uma dificuldade futura pela observação de prováveis dificuldades e fazendo correções no presente.

É possível não só viajar no futuro de sua vida presente mas também viajar em vidas nas quais você ainda não nasceu. O processo é semelhante em ambos os casos, e incluí mais adiante uma meditação para você começar. Antes disso, no entanto, eu gostaria de partilhar com você algumas informações que as pessoas, não raro, solicitam em meus seminários.

Às vezes, as pessoas se preocupam com o modo com que enfrentarão alguma coisa realmente terrível em seu futuro, ou no futuro de alguém que amam. O futuro é tão maleável quanto o passado, e o que você estará vendo é uma probabilidade. O bom é que você está em condições de alterar essa probabilidade! Ao passo que, se você nunca visse o que pode acontecer, você não compreenderia as medidas que pode tomar para fazer com que as coisas aconteçam da maneira que você gostaria.

Você pode ler vidas futuras de maneira semelhante àquela com que chega às passadas. Em primeiro lugar, relaxe. Respire fundo ou imagine um lugar da sua predileção na natureza. Imagine-se sentado no chão e encostado num salgueiro, enquanto observa um regato que corre ali perto. Relaxe o máximo que puder e fique consciente de todas as partes do seu corpo. Deixe que todas elas relaxem à proporção que você as enche de tranqüilidade. Cada vez que respira, você fica mais relaxado. Imagine que o seu guia está próximo. Você não tem nada que temer. Está em paz com o universo. Está cercado do amor infinito.

Imagine-se cercado de uma bolha protetora de luz branca; você está muito seguro e muito protegido. Enquanto está em meio à natureza, imagine que o dia se transforma em noite. Uma a uma as estrelas aparecem. O céu inteiro se enche de estrelas luminosas, tremeluzentes. Uma determinada estrela atrai sua atenção. Enquanto você observa, a estrela fica mais e mais brilhante. E começa a descer, flutuando, desde o céu. Ela se move na sua direção.

À medida que se aproxima, você pode ver que ela é, na realidade, um veículo feito de luz e som. Parece-se com uma bolha grande e luminosa. Você sabe que se trata de uma máquina do tempo, feita de luz e som. Parece uma grande bolha luminosa. Você sabe que ela é uma máquina do tempo.

Quando você entra dentro dela, sente-se muito bem no seu interior, luxuoso e quente como um casulo. Em silêncio, emitindo apenas o mais suave dos zumbidos, o veículo ergue-se da terra e começa a flutuar suavemente. Ao se reclinar sobre as macias almofadas, você contempla o pálio de estrelas acima da cabeça, através das janelas.

Sente o seu veículo flutuando mansamente no rumo da terra outra vez. Ao sair da máquina do tempo, percebe que está às margens de uma lagoa formosa e tranqüila. Quando fita os olhos nela começa a ter visões. Surge-lhe a visão de quem você será numa vida futura. Você é um homem ou uma mulher? Repare nas pessoas parecidas aos seus amigos ou à sua família atuais. Esquadrinhe sua vida futura e atente para a área de maior conflito. Verifique se há alguma coisa em sua vida presente que você pode fazer para evitar essa possibilidade futura. Envolva toda a cena com um amor infinito e volte à máquina do tempo. Comece a voltar à consciência da vigília. Você sabe que tudo o que viu do futuro foi para o seu maior bem, e sabe que está fazendo correções em sua vida presente a fim de criar um futuro emocionante e satisfatório.

9

Tempo, espaço e além: o próximo passo

A meu ver, nossas vidas passada, presente e futura não constituem uma seqüência, mas estão todas acontecendo ao mesmo tempo. Entretanto, por sermos nós seres lineares e porque vivemos em termos de "passado", "presente" e "futuro", este livro se refere a todas as nossas vidas como se acontecessem de maneira seqüencial. Desejo agora tratar dessa questão do tempo com relação a vidas passadas. Isso é especialmente importante, pois acredito que toda a nossa noção e percepção do tempo logo se modificará.

Para ajudá-lo a compreender essa idéia peço-lhe que imagine uma bola de espelhos pendurada num salão de baile e irradiando reflexos. À proporção que a bola se move, cada um dos reflexos se move pela sala. Capture um deles. Coloque a sua percepção nesse reflexo único. Imagine que o reflexo no qual você concentrou sua atenção é você em sua vida atual.

Você tem a impressão de que está "avançando no tempo". As cenas à sua volta se modificam à medida que você avança. Outros reflexos da bola de espelhos estão adiante e atrás de você. Os reflexos que parecem estar "atrás", enquanto se movimenta pelo salão, são suas vidas passadas. Elas parecem ser vidas "passadas" porque estão, aparentemente, "atrás" de você. Os reflexos que parecem estar à sua "frente" são suas vidas "futuras". Aparentemente, elas também se "movem através do tempo".

A distância entre os reflexos à sua frente e os reflexos atrás de você parece permanecer constante — dois metros entre você e o mais próximo reflexo atrás, e três metros entre você e o reflexo à sua frente. Admitindo-se que você esteja num salão perfeitamente esférico, essas distâncias permanecerão constantes ainda que a bola de espelhos se mova. Isso dá crédito à ilusão de que o tempo está parado, porque, para onde quer que o seu reflexo tenha viajado no salão de baile, haverá sempre uma distância de dois metros entre você e o reflexo mais próximo que está "atrás", e de três metros à "sua" frente entre você e o mais próximo reflexo "dianteiro". Esse fato é mensurável e constante.

Olhando para isso em termos de vidas passadas e vidas futuras, se um metro for igual a cem anos, poderá parecer que há duzentos anos entre sua vida atual e sua vida passada e trezentos entre sua vida presente e sua vida futura. Entretanto, se você mover o feixe de luz na direção da bola de espelhos (que é a origem do seu reflexo) a distância entre você e os feixes de luz mais próximos "à frente" e "atrás" se alterarão, e as distâncias se tornarão muito menores. Essa metáfora mostra como estão diminuindo as separações entre o passado, o presente e o futuro. À medida que nos aproximamos coletivamente da nossa Origem, começam a mudar as nossas percepções do tempo e do espaço. Quanto mais perto você chegar da Fonte, tanto menores parecerão as fronteiras entre o passado, o presente e o futuro.

Essa é outra maneira conceptual de perceber o adelgaçamento das fronteiras do tempo. Imagine que, se você devesse deixar o seu reflexo individual da bola de espelhos e "avançar no tempo", você chegaria finalmente a um círculo completo e entraria em contato com suas vidas "passadas". Se você "retrocedesse no tempo", chegaria finalmente a um círculo completo e entraria em contato com suas vidas "futuras".

Todos os reflexos na parede da sala de baile parecem individuais e separados dos outros. Alguns se assemelham a vidas futuras, outros a vidas passadas e outros ainda podem ser comparados a vidas de outras pessoas. Se você pudesse, contudo, viajar do reflexo individual para a Fonte, a saber, a bola de espelhos, veria que todas as vidas — passadas, presentes e futuras — todas as pessoas e toda a matéria ressoam a partir da mesma Fonte. Não estamos separados de ninguém. Tampouco estamos separados do que denominamos o "passado" e o "futuro". Todas as vidas coexistem, entrelaçadas e dependentes umas das outras, neste mesmo instante.

O tempo não é absoluto. É a Eternidade Infinita arbitrariamente dividida em porções cognominadas séculos, anos, meses, semanas, dias, horas, segundos e assim por diante. No passado, supúnhamos que o tempo era regular e invariável. Acho que, quanto mais explorarmos os nossos universos interiores, por intermédio da meditação ou de práticas espirituais, tanto mais fluido se tornará o tempo. Na verdade, podemos perceber o tempo quando ele se apressa ou se retarda. O tempo é um produto da nossa percepção. O único "tempo" que realmente existe é o "tempo" que nós percebemos. Quando estamos envolvidos em alguma coisa criativa "o tempo voa", e uma hora parece um simples piscar de olhos. Em compensação, quando esperamos um amigo que está uma hora atrasado, o tempo pode dar a impressão de que se estende por uma eternidade.

Podemos acelerar o tempo ou desacelerá-lo subjetivamente. A isso chamo entrar no "hipertempo", expressão que cunhei porque descreve muito precisamente o fenômeno. O *New Collegiate Dictionary* do Webster define "hiper" como "aquilo que existe num espaço de mais de três dimensões". Entrar no "hipertempo", portanto, é entrar literalmente num "tempo que está além das três dimensões". Em meus seminários sobre vidas passadas, ensino aos participantes como ingressar no "hipertempo". Uso técnicas eficazes de respiração e movimento, que desenvolvi para "quebrar" a realidade perceptiva, e entrar no "hipertempo".

Tenho ouvido histórias notáveis de participantes de seminários que praticam essas mesmas técnicas em sua vida. Uma senhora narrou-me a seguinte história: Durante dezoito anos trabalhara no mesmo emprego. Para chegar ao local de trabalho sempre fizera o mesmo trajeto, mantendo a mesma velocidade, sem que houvesse variação alguma das condições do tráfego. Levava sempre quarenta e sete minutos exatos para ir de casa ao trabalho. E confessou-me que, depois de participar de um dos meus seminários, decidiu, enquanto dirigia o carro para o trabalho, empregar as técnicas que eu ensinara. Entrou no "hipertempo", mas fez tudo o mais exatamente como sempre fazia. E, no entanto, chegou ao local de trabalho em trinta e dois minutos! Essa não é uma história incomum. Muitos participantes de meus seminários relataram acontecimentos semelhantes em sua vida.

Dadas as leis atuais que governam nosso mundo físico, seria impossível alterar o tempo dessa maneira. Mas o tempo não pode ser realmente fluido? O tempo não se pode contrair e expandir num universo que pulsa ritmicamente? E se o tempo for uma função da nossa percepção? Imagine que podemos alterar radicalmente nossa percepção e entrar numa fonte infinita, da qual emana toda a nossa essência. E se pudéssemos viajar para as regiões sem dimensões, em que nasceram o tempo e o espaço? Dadas essas suposições poderíamos, de fato, alterar o tempo. Acredito que elas sejam verdadeiras. Acredito que cada um de nós seja, ao mesmo tempo, o que percebe e o que define do "tempo".

As leis da física quântica estão-se expandindo muito depressa. Eu creio que essas mudanças reflitam as ondas pulsantes de energia que estão, neste momento, à disposição do planeta. O passado, o presente e o futuro fundem-se uns nos outros. A realidade não é o que pareceu ser durante centenas de anos na cultura ocidental. (As culturas nativas tiveram maneiras muito mais fluidas e circulares para descrever o tempo do que as culturas ocidentais, eurocêntricas.)

Minhas experiências de quase-morte no "outro lado" levaram-me a uma busca de autocompreensão e à decisão de encontrar de novo meu caminho de volta ao "lar". Eu sabia intuitivamente que havia uma forma de voltar para a Luz sem morrer. Eu sabia da existência de um modo de "estar em casa", e ainda existir num corpo físico. Eu sabia intuitivamente que uma miríade de dimensões coexistia com a dimensão física, e que só precisamos sintonizar um *dial* íntimo para ter consciência delas. Não precisamos morrer para chegar lá. Assim como, neste momento, há um sem-número de estações de rádio inundando a sua casa ou o seu escritório. Você não pode ouvir essas estações a menos que você tenha o seu receptor ligado e o seu dial sintonizado. Você só precisa encontrar o seu dial interno e sintonizá-lo.

Muita gente pensa no "céu" como o lugar para onde vamos quando morremos. Instintiva e subconscientemente pensamos no céu como em algum lugar lá em cima, acima das nuvens. Mas o Céu e o Lar não estão lá em cima, no firmamento. Estão aqui — agora. É uma dimensão coexistente dentro da nossa realidade física. A sincronicidade é uma maneira de saber que você está perto dessa dimensão, ou seja, quando você pensa em alguma coisa e ela acontece; quando você precisa de alguma coisa e ela aparece; quando você pensa em alguém e esse alguém lhe telefona. Quando eu estava na Luz, não havia tempo entre pensamento e criação. Meus pensamentos se manifestavam instantaneamente. De modo que a sincronicidade é uma forma de dizer se você está sintonizando seu dial interno, com a sua "casa". Quanto mais perto você chegar dessa dimensão, mais depressa os seus pensamentos se manifestarão no mundo físico.

Quando eu reflito nos acontecimentos de vidas passadas, na perspectiva de vidas futuras e no valor de estar aqui agora, num corpo humano, ocorre-me que viver a vida plena e apaixonadamente no tempo presente é muito importante. Reparei que, ao liberar bloqueios do passado, por meio de sonhos ou por meio de regressões durante a vigília, as pessoas sentem uma expansão de energia da força vital — a paixão. A maioria das pessoas presume ser a paixão de natureza sexual, mas acredito que a paixão sexual e a espiritual brotam da mesma fonte — a Fonte de Tudo o que É. Ocorre-me que talvez a paixão não seja apenas um resultado final da terapia das vidas passadas, mas talvez seja nossa paixão pela vida que nos permite curar o passado e impelir-nos na direção de um futuro glorioso.

Não há nada lá fora que não esteja em você. Por efeito do modo linear com que percebemos a realidade, não creio que possamos, algum dia, compreender tudo isso intelectualmente, comunicar-nos sobre isso verbalmente ou até escrever a respeito disso de maneira abrangente. Acredito, porém, que bem dentro de cada um de nós, *todos sabemos disso*. Bem no fundo de nós, todos temos esse pensamento. Até no ser humano mais realizado existe uma saudade, um anseio e uma lembrança desse lugar maravilhoso de unicidade e unidade.

Cada parte do universo, na verdade, é uma parte de você. Você é a combinação mais espantosa de várias partes imagináveis. Costumamos identificar-nos com o nosso corpo e sentir-nos separados de todas as outras partes de nós mesmos. Às vezes nos identificamos com nossos filhos e até com nossas propriedades (um homem entra numa casa em chamas para recuperar ccisas de valor porque, naquele momento, se identifica mais com seus bens do que com o próprio corpo). Na verdade, porém, você vive num oceano milagroso de energia, e cada parte do fluxo de energia é você. Imagine todas essas partes formando uma orquestra gigantesca. Quando todas elas se harmonizam, cria-se uma vibração que ressoa através de todo o universo.

É a isso que se referem meus antepassados americanos nativos quando falam sobre estar em "relação correta" com todas as coisas. O que significa honrar e respeitar a vida em todas as coisas. Significa honrar o animal ou a planta que lhe dão vida, significa honrar toda a vida que existe ao seu redor. Significa dar atenção, mas *dar realmente atenção*, à realidade dos seus vizinhos e honrá-la. Porque eles não estão separados de você. Eles *são* você.

Estar em "relação correta" com todas as coisas significa viver em harmonia com todas as outras partes do espírito coletivo. Uma maneira de fazer isso é passar a compreender e aceitar incondicionalmente, sem fazer julgamentos, a realidade dos outros. Isso também significa procurar aceitar todas as partes de você mesmo, sobretudo as que você julgou negativamente. Isso inclui a aceitação de si mesmo e do que você pode ter sido em vidas passadas. Estar em "relação correta" significa ajudar os outros sempre que puder, sem expectativas e sem condições, sem esperar coisa alguma em troca. Significa agir com compaixão e consciência com relação a todas as outras partes dessa força vital. Significa que, seja onde for que você esteja e seja o que for que haja à sua volta, você deve aceitar e honrar a força vital que ali está. Saiba que não existe menos vida em sua máquina de escrever do que na bela macieira que cresce do lado de fora da sua janela. Honre, aceite e ame a vida que é tudo à sua volta, pois tudo isso é você em formas diferentes. O que quer que você julgue o fará avançar ao longo da vereda da separação. O que quer que você ame faculta à orquestra de todas as suas partes (o que em sua totalidade é Deus) vibrar e cantar com você por todo o universo.

Queira o Grande Espírito que está, a um tempo, dentro e em torno de você, abençoá-lo em tudo o que você fizer, de modo que todos os seus sonhos em todas as suas vidas manifestem alegria por todos nós aqui, juntos para sempre no magnífico universo que nunca deixa de expandir-se!

Sobre a Autora

Depois de lido este livro, talvez você queira encontrar-se pessoalmente com Denise Linn. Ela conduz seminários regularmente em quase todos os países de língua inglesa e em alguns onde se falam outras línguas, com a ajuda de um intérprete.

Para obter informações sobre os seminários no hemisfério norte, entre em contato com:
New Life Designs
Arnica House
170 Campden Hill Road
London W8 7AS
UK
Tel: 0171-938 3788

No hemisfério sul, entrar em contato com:
New Life Promotions
Lock Bag 19
Pyrmont
NSW 2009
Australia
Tel: 61-2-552-6833
Fax: 61-2-566-2354

Para obter informações sobre como adquirir as fitas cassetes da autora sobre Regressão a Vidas Passadas e Programação de Sonhos, entrar em contato com:
QED Recording Services
Lancaster Road
New Barnet
Hertfordshire EN4 8AS
UK
Tel: 0181-441 7722

Outras obras de interesse:

INVESTIGANDO VIDAS PASSADAS
Raymond A. Moody Jr. e *Paul Perry*

DESCUBRA SUAS VIDAS PASSADAS E OUTRAS DIMENSÕES
Bettye B. Binder

RECORDANDO VIDAS PASSADAS
Dra. Helen Wambach

A REGRESSÃO A VIDAS PASSADAS COMO MÉTODO DE CURA - A Comprovação Experimental da Teoria da Reencarnação
Thorwald Dethlefsen

AS VÁRIAS VIDAS DA ALMA
Um Psicoterapeuta Junguiano Descobre as Vidas Passadas
Roger J. Woolger

REENCARNAÇÃO
Reivindicando o seu Passado, Criando o seu Futuro
Lynn Elwell Sparrow

A REENCARNAÇÃO E A LEI DO CARMA
W. W. Atkinson

PSICORREGRESSÃO - Um Novo Sistema de Cura e Desenvolvimento Pessoal
Dra. Francesca Rossetti

REFLEXÕES SOBRE O OUTRO LADO DA VIDA - Uma visão instigante da vida após a morte
Mary T. Browne

A TRANSIÇÃO CHAMADA MORTE
Charles Hampton

A TERAPIA DA REENCARNAÇÃO - As possibilidades oferecidas pela regressão a vidas passadas
Harald Wiesendanger

ESPAÇO, TEMPO E ALÉM
Bob Toben e *Fred A. Wolf*

AS CARTAS FÊNIX - Um novo método para você descobrir os aspectos positivos de suas vidas passadas
Susan Sheppard